MARCO POLO

CÔTE D'AZUR

MONACO

MARCO POLO AUTOR

Peter Bausch

Seit dem Studium in Südfrankreich pendelt der Journalist zwischen Württemberg und der Provence. Für MARCO POLO betreut er auch die Bände Provence, Languedoc-Roussillon und Loire-Tal, schreibt zudem für Publikationen wie die „Riviera Côte d'Azur Zeitung“. An der Côte d'Azur genießt er die mediterrane Küche, die Kunstmuseen, den Kulturrausch im Sommer und das Licht im Winter.

REIN INS ERLEBEN

Mit dem digitalen Service von MARCO POLO sind Sie noch unbeschwerter unterwegs: Auf den Erlebnistouren zielsicher von A nach B navigieren oder aktuelle Infos abrufen – das und mehr ist nur noch einen Fingertipp entfernt.

Hier geht's lang zu den digitalen Extras:

http://go.marcopolo.de/cot

Touren-App

Ganz einfach orientieren und jederzeit wissen, wo genau Sie gerade sind: Die praktische App zu den Erlebnistouren sorgt dank Offline-Karte und Navigation dafür, dass Sie immer auf dem richtigen Weg sind. Außerdem zeigen Nummern alle empfohlenen Aktivitäten, Genuss-, Kultur- und Shoppingtipps entlang der Tour an.

HTTP://GO.MARCOPOLO.DE/COT

Update-Service

Immer auf dem neuesten Stand in Ihrer Destination sein: Der Online-Update-Service bietet Ihnen nicht nur aktuelle Tipps und Termine, sondern auch Änderungen von Öffnungszeiten, Preisen oder anderen Angaben zu den Reiseführerinhalten. Einfach als PDF ausdrucken oder für Smartphone, Tablet oder E-Reader herunterladen.

SYMBOLE

- INSIDER TIPP Insider-Tipp
- ★ Highlight
- ●●●● Best of ...
- Schöne Aussicht
- Grün & fair: für ökologische oder faire Aspekte
- (*) kostenpflichtige Telefonnummer

PREISKATEGORIEN HOTELS

- €€€ über 120 Euro
- €€ 80–120 Euro
- € bis 80 Euro

Die Preise gelten pro Nacht für zwei Personen im Doppelzimmer ohne Frühstück zur Hauptsaison

PREISKATEGORIEN RESTAURANTS

- €€€ über 35 Euro
- €€ 25–35 Euro
- € bis 25 Euro

Die Preise gelten für ein Menü mit mindestens zwei Gängen ohne Getränke

GUT ZU WISSEN
Geschichtstabelle → S. 14
Spezialitäten → S. 28
Bücher & Filme → S. 51
Der Traum vom Paradies → S. 71
Feiertage → S. 119
Was kostet wie viel? → S. 126
Wetter → S. 127

KARTEN IM BAND
(134 A1) Seitenzahlen und Koordinaten verweisen auf den Reiseatlas
(0) Ort/Adresse liegt außerhalb des Kartenausschnitts
Es sind auch die Objekte mit Koordinaten versehen, die nicht im Reiseatlas stehen

(*A–B 2–3*) verweist auf die herausnehmbare Faltkarte

UMSCHLAG VORN:
Die wichtigsten Highlights

UMSCHLAG HINTEN:
Karten von Monaco, Nizza und Cannes

Die besten MARCO POLO Insider-Tipps

Von allen Insider-Tipps finden Sie hier die 15 besten

INSIDER TIPP **Parfum ganz exklusiv**
Duft-Workshop: In der Parfumfabrik Galimard in Grasse stellen Sie sich Ihr ganz eigenes Parfum zusammen (Foto re.) → S. 64

INSIDER TIPP **Schlemmen und schlafen**
Im Dorf Cabris ist die *Auberge du Vieux Château* eine gute Adresse für Feinschmecker. Nach dem Schlemmen bereitet der Schlaf im Baldachinbett bestens auf das Mahl am nächsten Tag vor → S. 65

INSIDER TIPP **Meer auf Schritt und Tritt**
Einer der schönsten Küstenpfad-Abschnitte liegt auf der Halbinsel *Giens*. Vom Hafen La Madrague aus wandern Sie zwei Stunden immer am Meer entlang → S. 72

INSIDER TIPP **Traumhaus auf dem Dorf**
Die Familie Bolgari öffnet ihre *Maison de Julie* in Le Plan bei Entrevaux für Gäste. Wunderschön eingerichtete Zimmer, liebevoll arrangierte Details, Ruhe und ein opulentes Frühstück auf der Terrasse → S. 92

INSIDER TIPP **Baden in der Großstadt**
Wunderschöne *Strände* hat man am Rand von Toulon in einer der schönsten Buchten Südfrankreichs künstlich angelegt → S. 80

INSIDER TIPP **Schöner Schnorcheln vor der Goldinsel**
Vor der kleinen Goldinsel Port-Cros bei Hyères ist ein *Unterwasserweg* angelegt. Sie brauchen nur Schnorchel und Badehose, um die Unterwasserwelt zu erleben → S. 113

INSIDER TIPP **Biodorf**
Die Winzer machten den Anfang und verzichteten ganz auf Chemie. Inzwischen setzen auch die Bauern in *Correns* fast ausschließlich auf biologischen Anbau → S. 91

INSIDER TIPP **Ein Hauch von Karibik**
Wo das Flüsschen Bresque bei Sillans-La-Cascade als *Wasserfall* 40 m in die Tiefe stürzt, bekommt die Provence einen Hauch von Karibik mit einem kleinen Urwald rund um das Becken → S. 92

INSIDER TIPP **Cocteau Superstar**

Er hat Filme wie „Die Schöne und das Biest" gedreht, war Schauspieler, Zeichner und Dichter: Jean Cocteau. Das *Museum* (Foto li.), das Rudy Ricciotti direkt am Meer für den französischen Allroundkünstler entworfen hat, macht Cocteau zum unangefochtenen Superstar von Menton → S. 38

INSIDER TIPP **Frische Kunst im Hotel**

Odile Payen-Redolfi hat im *Hôtel Windsor* von Nizza den Turbo angeworfen. Praktisch jedes Jahr gibt es neue Zimmer, die von zeitgenössischen Künstlern frisch dekoriert werden, dazu Ausstellungen im Foyer und sogar im lauschigen Garten am Schwimmbad → S. 47

INSIDER TIPP **Grüner wird's nicht**

Eine großartige Sammlung konkreter Kunst von Yves Klein bis Joseph Beuys finden Sie in dem 26 m hohen, grell-grün gestrichenen *Museumsturm* in Mouans-Sartoux → S. 101

INSIDER TIPP **Durchs All spazieren**

Jeder Meter auf dem *Planetenweg* in Valberg entspricht einer Million Kilometer im All. Ein lehrreicher Spaziergang von der Erde über Sonne und Uranus bis zu Neptun im bergigen Hinterland → S. 113

INSIDER TIPP **Mimosenrausch**

Familiäres Vergnügen: Mit einem prachtvollen Blumenkorso durchs Bergdorf begrüßt *Bormes-les-Mimosas* jedes Jahr Ende Februar den Frühling → S. 118

INSIDER TIPP **Bistrot mit Sternekoch**

Alain Llorca serviert ausgerechnet in Monaco im *Café Llorca* ganz bodenständig günstigen Mittagstisch inklusive Meerblick → S. 35

INSIDER TIPP **Bauhaus unter Palmen**

Die *Villa Noailles* in Hyères-les-Palmiers beherbergte Man Ray, Luis Buñuel, Alberto Giacometti. Heute öffnet sich das Bauhaus-Gebäude mit einem Mode- und Fotofestival jungen Künstlern → S. 71

BEST OF ...

TOLLE ORTE ZUM NULLTARIF

Neues entdecken und den Geldbeutel schonen

SPAREN

● ***Gratiskunst in Mougins***

Mougins öffnet seine städtischen Museen zum Nulltarif. Das gilt sowohl für das *Fotografie-Museum* mit Picasso-Porträts von David Douglas Duncan als auch für das *Museum* zum Gedenken an den Heimatmaler Maurice Gottlob → S. 61, 62

● ***Mit dem Auto ans Meer***

Als Fußgänger haben Sie auf der Halbinsel von Saint-Tropez immer freien Zugang zum Strand. Für Ihr Auto müssen Sie allerdings überall Parkgebühren zahlen – es sei denn, Sie fahren in den Westen der Halbinsel: Am Strand von *Escalet* steht Ihr Wagen kostenlos am Meer → S. 72

● ***Kunst-Spaziergang auf der Mauer***

Spazieren Sie auf einer mittelalterlichen Stadtmauer und genießen Sie dabei wunderschöne Ausblicke auf zeitgenössische Kunst – alles gratis. Im exklusiven *Saint-Paul-de-Vence* (Foto) haben sich die vielen Galerien des Dorfes zusammengeschlossen und präsentieren Skulpturen in Gassen und auf Plätzen → S. 53

● ***Betörende Düfte***

Möchten Sie wissen, wie die großen Nasen arbeiten? Die drei berühmten Parfumfabriken *Fragonard*, *Galimard* und *Molinard* in Grasse öffnen ihre heiligen Hallen für Besucher → S. 64

● ***Skulpturen im Weinberg***

Große Kunst zwischen Trauben und Oliven: Die *Commanderie de Peyrassol* bietet in herrlicher Landschaft bei Flassans-sur-Issole einen Spaziergang durch den Skulpturenpark im Weinberg an. Exquisite Werke, bekannte internationale Namen, alles kostenlos → S. 90

● ***Flusswärts***

Wenn es im Hochsommer am Meer nur Staus und keinen Platz fürs Auto gibt, dann wenden Sie sich den doch Süßwasserbädern zu. Eins der schönsten Naturbäder, die keinen Eintritt kosten, ist das *Vallon Sourn* am Argens-Fluss beim Biodorf Correns → S. 91

TYPISCH CÔTE D'AZUR

Das erleben Sie nur hier

Defilee der Luxuskarossen

Sie wollen wissen, welche Luxusautos gerade gefragt sind? Spazieren Sie vorm *Casino de Monte Carlo* auf und ab: Dort entsteigt die Klientel Karossen von Lamborghini über Maserati bis Ferrari → S. 34

Ein Museum nur für Matisse

Das *Musée Matisse* in Nizza ist eins jener Häuser an der Côte, die sich einem einzigen Künstler widmen. In seinem ehemaligen Wohnhaus erleben Sie, wie der Maler sein Werk entwickelt hat → S. 44

Gartenpracht

Reiche Zuwanderer entdeckten die Côte d'Azur als Garten. Durch eine der schönsten Parkanlagen können Sie auf der Halbinsel von Cap Ferrat spazieren: Im Park der *Villa von Baronin Béatrice Ephrussi* werden Sie mit immer neuen Ausblicken aufs Meer belohnt → S. 49

Juwelen auf dem Dorf

Spuren der reichen Vergangenheit finden Sie in vielen Dörfern im Hinterland. In *Lucéram* etwa beherbergt die Eglise Sainte-Marguerite einen kostbaren barocken Kirchenschatz und Meisterwerke der Nizza-Schule, die niemand in dieser tiefen Provinz vermuten würde → S. 50

Palastherberge am Meer

Das *Négresco* in Nizza gehört zu den Dinosauriern des Luxus an der Côte. Der herrliche Palast beherbergt seit 1913 Fürsten, Kaiser, Filmstars, Pop- und Opern-Diven. Beim Drink in der Bar erschnuppern Sie einen Hauch der unvergleichlichen Atmosphäre → S. 47

Sehen und gesehen werden

In französischen Cafés sind meist alle Stühle zur Straße hin aufgestellt. Sehen und gesehen werden ist die Devise v. a. in legendären Etablissements wie dem Café *Sénéquier* (Foto) am Hafen von Saint-Tropez. Insider nähern sich den roten Stühlen von der Gebäudeseite her → S. 77

Mit Muße shoppen

Hektik ist auf dem *Dienstagsmarkt in Cotignac* nicht angesagt. Schwelgen Sie zusammen mit den Einheimischen im reichen Feinschmeckerangebot an frischem Obst und Gemüse → S. 90

TYPISCH

BEST OF ...

SCHÖN, AUCH WENN ES REGNET

Aktivitäten, die Laune machen

REGEN

● ***Buntes im Aquarium***
Während draußen der Himmel grau über der Küste hängt, ist in den Becken des *Musée Océanographique* in Monaco mit 4000 bunten Fischen, Krebsen und Korallen Farbenpracht angesagt (Foto) → S. 35

● ***Endlos shoppen***
Die 100 Geschäfte und Boutiquen im großen Einkaufszentrum *Nicetoile* in Nizza bechäftigen Sie mindestens einen verregneten Nachmittag lang → S. 46

● ***Regendorf***
Ist es nur ein kurzer Schauer, reicht ein Kaffee unter den Arkaden in der Altstadt von *Biot*. Dauert der Regen länger, lassen Sie sich im Café des Arcades die Kunstsammlung im Gewölbekeller zeigen. Kommt es zum Dauerregen, erleben Sie in den Glasbläser-Werkstätten wie aus glühenden Klumpen elegante Stücke entstehen → S. 48

● ***Funkelnde Steine***
Tiefgrünes Olivenit und leuchtend rotes Kobalt-Adamit wurden einst in der Kupfermine in Le Pradet gefunden. Heute ist dort mit dem *Musée de la Mine de Cap-Garonne* eins der schönsten Mineralienmuseen Frankreichs eingerichtet → S. 81

● ***Zurück zu den Wurzeln***
Wie im Flug vergehen die Regenstunden im phantastischen *Musée des Merveilles* von Tende. Reisen Sie hier Jahrtausende zurück in die Vergangenheit der Côte d'Azur → S. 85

● ***Veilchen im Zuckermantel***
Kandierte Früchte sind Spezialitäten des Südens. In der *Confiserie Florian* in Pont-du-Loup schauen Sie zu, wie Mandarinen kandiert werden, Veilchenblüten einen Zuckermantel bekommen und Rosenbonbons entstehen. Probieren dürfen Sie natürlich auch → S. 100

ENTSPANNT ZURÜCKLEHNEN

Durchatmen, genießen und verwöhnen lassen

ENTSPANNT

Dinner mit Meeresrauschen

Direkt am Strand mitten in Nizza serviert das Restaurant *Plage Beau Rivage* frische, exquisite Küche zum Dinner. Das Schönste daran: Der Lärm der Stadt bleibt draußen, Sie dürfen sich ganz dem Meeresrauschen hingeben → S. 45

Wohlig temperiert

Das Bad im geheizten Meerwasser und die Anwendungen in den *Thermes Marins* neben dem Casino in Monaco sind zwar teuer. Aber mit etwas Glück holen Sie sich das Geld für die Massagen mit entspanntem Pokerface am Spieltisch zurück → S. 36

Klösterliche Ruhe auf der Insel

Falls Sie eine echte Auszeit nehmen möchten: *Saint-Honorat* ist eine Oase der Ruhe. Um 18 Uhr verlässt das letzte Boot die Insel vor Cannes, dann begleitet nur noch das Meeresrauschen die Mönche und ihre wenigen Gäste im Kloster (Foto) → S. 61

Wohlgefühle aus Fernost

Der neueste Wellness-Trend an der Côte kommt aus Asien. Ob Shiatsu- oder Tuina-Massage, nach einem Aufenthalt im *Monte Carlo Spa Mirabeau* in Monaco oder im *Le Velvet Room* in Juan-les-Pins werden Sie sich fühlen wie nach einem Wellness-Trip nach Fernost → S. 18

Genuss wie in alten Zeiten

Pissaladière, gefülltes Gemüse (petits farcis), hausgemachte Gnocchi, deftige Kutteln (tripes) – Nizzas echte Spezialitäten können Sie noch wie in alten Zeiten genießen: in aller Ruhe auf der Terrasse der *Brasserie de L'Union* im Univiertel Borriglione fernab des Touristenrummels → S. 46

Frische Brise

Im Sommer ist die einzige Straße nach Saint-Tropez ein kilometerlanger Dauerstau. Warum also nicht mit dem Schiff von *Sainte-Maxime* aus übersetzen? Statt in gesalzene Parkgebühren investieren Sie so besser in die Zeit in einem der schönen Cafés → S. 79

AUFTAKT

ENTDECKEN SIE DIE CÔTE D'AZUR!

Luxus, Trubel, Paläste und exotische Blütenpracht am Meer, beschauliche Ruhe, grandiose Naturschauspiele und *einsame Felsendörfer* im Hinterland: Die Côte d'Azur ist das Land der *harten Kontraste*. Doch die ziehen sich ja bekanntlich an. Das milde Mittelmeerklima und die Sonne genießen die 20 000 Menschen, die in den Firmen *des Hightechparks* Sophia-Antipolis arbeiten, genauso wie die *sensiblen Nasen*, die sich in Grasse, der Welthauptstadt des Parfums, auf eine 400 Jahre alte Tradition berufen. Oder wie die Millionen von Urlaubern an der Küste, die Frankreich mit schöner Regelmäßigkeit den *Titel des Tourismusweltmeisters* bescheren.

Kaum ein Landstrich in Europa hat sich in den vergangenen 200 Jahren so oft und *so schnell gewandelt* wie die Region zwischen Toulon im Westen, Menton im Osten, den Verdon-Schluchten und dem Parc National du Mercantour im Norden. Jahrhundertelang war die Küste *nur Durchgangsstation* zwischen Nordeuropa und Italien. Am Meer lebten arme Fischer, im Hinterland arme Bauern. Kein Wunder, dass sich aus dieser tiefen Vergangenheit nur wenige architektonische Glanzlichter in die Neuzeit gerettet haben. Natürlich gibt es die *Spuren der Römerzeit* in Fréjus und das Siegesdenkmal von Kaiser Augustus in La Turbie hoch über Monaco. Die Grafschaft Nizza,

Bild: Strand von Escalet südlich von Saint-Tropez

Wahrzeichen der ersten Schickeria-Welle: Villa Ephrussi auf Cap Ferrat

erst seit 1860 französisch, war im 17. Jh. fruchtbarer Boden für die Baumeister und Künstler der Barockzeit. Die lang vergessenen Felsendörfer im Hinterland haben ihr ***mittelalterliches Ensemblebild*** bewahrt. Die Landflucht vor 100 Jahren hat Dörfer wie Sainte-Croix, Grimaud und Bormes-les-Mimosas zwar ausgeblutet, aber die Bausubstanz nicht angegriffen. Es gibt daher keine hässlichen Neubauten mitten auf dem Kirchplatz und keine Bankfilialen von der Stange. Wer Saorge im Roya-Tal oder La Garde-Freinet im Massif des Maures ***aus dem Dornröschenschlaf erweckte***, hatte Geld – und Geschmack. *Villages* wie Villecroze sind liebevoll restauriert, alte wie neue Bewohner dekorieren mit Blumen und einfachen Mitteln Plätze und Brunnen, schaffen eine Idylle, die von Ruhe geprägt ist.

Die Côte d'Azur – ein Kind der modernen Freizeitgesellschaft

- **2800–1300 v. Chr.** Felszeichnungen im Vallée des Merveilles nördlich von Nizza belegen die bronzezeitliche Besiedelung
- **4. Jh. v. Chr.** Griechen gründen Nikaia (Nizza) und Antipolis (Antibes)
- **49 v. Chr.** Nach der Eroberung Galliens gründet Julius Cäsar Forum Julii, heute Fréjus
- **6 v. Chr.** Die Römer unterwerfen die Alpenvölker und errichten das Siegesdenkmal in La Turbie
- **1297** François Grimaldi erobert die Burg von Monaco

Aber die Côte d'Azur, die ihren Namen erst 1887 von Stephen Liégeard, einem Unterpräfekten mit literarischer Ader, bekommen hat, ist und bleibt ein Kind der modernen Freizeitgesellschaft. Es zählt nur das ***Heute, Hier und Jetzt.*** Blaues Meer, klarer Himmel und vor allem Sonne – viel Sonne. Reisende aus England entdeckten Mitte des 19. Jhs. das milde Klima für sich. Hyères, Nizza und Cannes waren die ***ersten internationalen Fremdenverkehrsorte*** überhaupt. Die europäische Aristokratie flüchtete aus dem kalten, tristen Winter in den Süden, nutzte die Côte d'Azur als Spielwiese für ihre verrücktesten Träume und hatte großen Anteil daran, dass sich die Region in einen ***kunstvollen Garten Eden*** verwandelte. Die Einheimischen schüttelten noch den Kopf, als der Pariser Botaniker Gustave Thuret 1857 auf dem Cap d'Antibes Palmen, Kakteen, Zypressen und Eukalyptusbäume züchtete. Die exotischen Bäume, wie die aus Australien importierten ***Mimosenbäume*** mit ihrer sattgelben Blütenpracht im Spätwinter, gehören heute ebenso zur Côte d'Azur wie das blaue Meer, die tiefgrünen ***Aleppokiefern*** und die strahlend gelben ***Zitronen*** von Menton.

Eine Spielwiese für die verrücktesten Träume der Aristokratie

Die verschwenderische Pracht der Flora hat ihr Pendant in der ***Architektur*** des Küstenstrichs. Die ***kosmopolitische Schickeria*** baute ihre Paläste ohne Rücksicht auf historisch gewachsene Stadtbilder. Das vom Pariser Opernbauer Charles Garnier entworfene ***Spielkasino*** von Monte-Carlo, die gigantischen Fassaden der ***Luxushotels*** Négresco in Nizza oder Carlton in Cannes, die Villa der Baronin Ephrussi de Rothschild auf dem Cap Ferrat, der Nachbau der antiken griechischen ***Villa Kérylos*** in Beaulieu oder das schlichte ***Bauhaus-Gebäude*** der Familie de Noailles in Hyères sind Beispiele für die neuen Wahrzeichen in Stein.

Das Markenzeichen Côte d'Azur ist in der ***Belle Epoque*** zu Beginn des 20. Jhs. entstanden – ***im Winter***. Kaum zu glauben, dass erst 1931 einige mutige Hoteliers ihre Häuser ausgerechnet in der Jahreszeit öffneten, die den alten Aristokraten zu heiß geworden war. Heute lebt die Côte d'Azur vom ***Sommertourismus***. Im Juli und August herrscht ***Ausnahmezustand***. Alles ist überfüllt: Straßen, Hotels, Campingplätze, die wunderschönen Buchten. Die Preise steigen mit den Temperaturen, ganz selten sind Parkplätze am Meer wie an den berühmten Stränden rund um Saint-Tropez umsonst. Das

1789 Nach der Französischen Revolution wird das Fürstentum Monaco als Fort Hercule annektiert und nach Napoléons Eroberung von Nizza eine Gemeinde im Département Alpes-Maritimes

1815 Napoléon landet am 1. März in Golfe-Juan, seine „Herrschaft der Hundert Tage" endet mit der Schlacht von Waterloo

1878 Charles Garnier baut das Spielkasino von Monte-Carlo

1944 Befreiung der Côte d'Azur durch die Alliierten

Fischerdorf, von impressionistischen Malern um 1900 entdeckt, ist nach 1950 zum Inbegriff des ***internationalen Jetsets*** geworden. Schrittmacher waren erst Literaten aus Paris, Filmleute wie Roger Vadim und Brigitte ***Bardot***, Playboys wie Gunter ***Sachs*** und schließlich Schlagerstars wie Johnny Hallyday. An den Stränden von ***Pampelonne*** und Tahiti trugen sie ihre Haut zu Markte, lockten mit braun gebrannten Körpern die Regenbogenpresse an, die auf immer neue Skandale hoffte.

Die Berühmten haben längst vor den ***Blechlawinen*** kapituliert, die im Sommer die Strecke rund um den Golf zur Tortur machen. Und Saint-Tropez und die Halbinsel von Ramatuelle stehen heute erneut als Symbol für ***neue Entwicklungen***. Weg vom Massentourismus, Schutz von Küstenstreifen und Natur sowie drastische Bauvorschriften sind die Ansätze, um die Schönheit der Landschaft für die Zukunft zu bewahren. Denn es gibt sie noch, die ***stillen und einsamen Buchten*** zum Baden, mitten in der Hochsaison in einem der größten Touristenzentren der Côte d'Azur. Ausgerechnet auf der Halbinsel, die alle Milliardäre und Millionäre Europas kennen, ist der ***Zugang zum Meer*** praktisch für jedermann offen. Und eben die Strände, an denen der Nachwuchs der Reichen mit seinen Champagnerpartys der Überflussgesellschaft die Krone aufsetzt, sollen in Zukunft ***Modell für Umwelt- und Naturschutz*** werden. Sehr wichtig für das neue Bewusstsein in Frankreich ist das *Conservatoire du Littoral*, das bei Saint-Tropez zu retten versucht, was zwischen Cannes und Nizza zum großen Teil schon verloren gegangen ist. Dank der späten Erkenntnis, dass diese Küste eben nicht nur ein Freizeitparadies für ein paar Sommerwochen ist, sondern ein Geschenk der Natur, mit dem Menschen pfleglich umgehen sollten, um Fauna und Flora langfristig zu bewahren.

Das Umdenken hat eingesetzt – ein ganzes Dorf wirtschaftet grün

Auch in der Landwirtschaft hat das große Umdenken eingesetzt. Es sind vor allem ***Winzer***, die ***auf Chemie verzichten*** und merken, dass guter Wein in diesem Klima kein Hexenwerk ist. Spektakulärstes Beispiel ist das kleine Dorf Correns. Bürgermeister und Weinbauer Michael Latz hat dabei aus wirtschaftlichen Gründen auf Bio gesetzt. Der klassische (Weiß-)Wein wurde vor der Flaschenabfüllung zum Billigtarif an Großhändler verscherbelt, aber der Erlös deckte nicht mal mehr die Kosten. Mit biologischem Anbau öffneten die Winzer aus dem Hinterland eine Marktnische und sind

1946 Erste Filmfestspiele in Cannes

1969 Start für den Bau des Technologiezentrums Sophia-Antipolis im Hinterland von Antibes

2005 Nach dem Tod Fürst Rainiers III. übernimmt Sohn Albert II. die Regentschaft des Fürstentums Monaco

2014 Geburt des Thronfolgers Jacques und seiner Zwillingsschwester Gabriella im Fürstentum Monaco

2016 Nizza ist Spielort der Fußball-Europameisterschaft

heute ***stolz auf den Wein,*** den sie in ganz Europa mit dem Etikett Correns zu ordentlichen Preisen verkaufen. Das Beispiel macht Schule: Mittlerweile verzichten selbst die Gemüsebauern im Dorf auf Chemie. Wer offen ist, entdeckt auf den Märkten an der Côte d'Azur und im Hinterland längst ***vergessene Gemüse- und Obstsorten.*** Die Geschmacksnerven jubilieren: So also können Tomaten und Aprikosen schmecken, wenn die Bauern Vertrauen zur Natur haben.

Die Natur als ***grandioses Schauspiel*** erleben Neugierige weitab der Küste in den tiefen ***Schluchten***, die Flüsse wie der ***Verdon***, der Var, der Loup und die Roya in die Felsen geschnitten haben. Winzige Dörfer wie Aiglun und Roquestéron setzen im Norden von Grasse und Vence auf ***Wassersport- und Wandertourismus***. Von den spektakulären, in leuchtend rote Felsen gefrästen Gorges du Cians ist es nur eine kurze Strecke in den Nationalpark des Mercantour. Dort sind, nicht einmal zwei Autostunden von der turbulenten Küste und ihren mondänen Stränden entfernt, sogar die ***Wölfe*** wieder heimisch geworden.

Entdecken Sie die Küste und mit Alpes-Maritimes, Var und Alpes-de-Haute-Provence ***drei der schönsten Départements*** Frankreichs. Dieser Reiseführer nimmt Sie mit auf den Weg von Toulon nach Menton, immer am Meer entlang. Nicht nur Autofahrer, sondern auch Spaziergänger erwarten herrliche Aussichten. Allein im Département Var sind mehr als 250 km des *sentier littoral*, des ***Küstenwanderpfads*** zwischen Bandol und Saint-Raphaël, erschlossen. Packen Sie also die festen Schuhe neben die Badehose und lassen Sie sich ein auf die blaue Küste der Kontraste!

Auf Entdeckungstour in den kleinen Gassen von Saint-Paul de Vence

IM TREND

1 Bio-Boom

Nizza ist grün Die azurblaue Küste entdeckt ihre grüne Seite. In Hotels wie dem *HI Hotel (3, Av. des Fleurs | www.hi-hotel.net)* wird Bioküche serviert. Grüne und faire Zutaten fürs Picknick gibt es in den Shops von *Biocoop (www.biocoop.fr) (Foto)*, z. B. in den Filialen *Azur (59, Blvd. Delfino | Nizza)* oder *Méditerranée (152, Route de Tiragon | Mouans-Sartoux)*. Nizzas jährliche Biofood-Messe *Bionazur (www.nicexpo.org/bionazur)* informiert über nachhaltige Trends für Bauch und gutes Gewissen.

Asia-Import 2

Wellness Der heißeste Spa-Trend wurde aus Fernost importiert. Im *Monte Carlo Spa Mirabeau (2, Av. de Monte-Carlo | Monaco | www.thermesmarinsmontecarlo.com) (Foto)* sorgt die Shiatsu-Massage für Entspannung. In *Le Velvet Room (67, Blvd. Raymond Poincaré | Juan-les-Pins | www.levelvetroom.com)* bekämpft man Verspannungen mit der chinesischen Tuina-Massage.

Salon de Thé 3

Teestunde in Frankreich Der Kult um den heißen Aufguss greift an der Côte d'Azur um sich. Blandine Delrieu aus alter Nizzaer Familie hat in der Altstadt *Les Causeries de Blandine (8, Rue du Pont-Vieux | www.lescauseriesdeblandine.com)* eröffnet, wo sie bis zu 50 verschiedene Teesorten aufbrüht, dazu mittags kleine Gerichte und den Tag über selbst gemachtes Gebäck serviert. Ein Salon, der auch Kaffee nicht verschmäht und zudem kleine Speisen aufs Teetischchen bringt, ist *Appart'the (24, Rue Lacan)* in Antibes. Traditionalisten unter den Trendsettern verbringen die Teestunde britisch-gediegen in *The Scotch Tea House (4, Av. de Suède | Nizza)*.

An der Côte d'Azur gibt es viel Neues zu entdecken. Das Spannendste auf diesen Seiten

Tierischer Schneespaß

4

Skijöring Die Côte d'Azur bietet mehr als nur Sonnenschein und Wassersport. Die blaue Küste kann nämlich auch ganz weiß sein – schneeweiß. Bis zu 1800 Meter sind die Gipfel des Nationalpark Mercantour hoch. Gemütliche Sportler holen sich da eine PS-starke Hilfe. Beim Skijöring werden Sie auf Ihren Skiern von Pferden gezogen. Angeboten wird der Sport in Marc Ducrez' *La Colmiane (www.colmiane.com)* in Valdeblore. In Castérino übernehmen Huskys das Kommando. Mit *Roya Bévéra (www.sherpamerveilles.com)* können Sie die Natur ganz entspannt vom Schlitten aus genießen. Weitere Informationen zum Wintersport in den Bergen gibt es unter *www.cotedazur-neige.com*.

Glamping

5

Campen mit Stil Die Luftmatratze brauchen Sie hier höchstens für den Strandbesuch. Statt Null-Komfort-Zelten steht für trendbewusste Urlauber Glamour-Camping auf dem Plan. An der Côte d'Azur wird Stil von jeher großgeschrieben, kein Wunder, dass die Region so schnell auf den Glamping-Trend aufgesprungen ist. Luxuriöse Hütten stehen im *Riviera Village (Route des Plages | Ramatuelle | www.riviera-villages.com) (Foto)* – fast fühlt man sich dort wie in einer Tiki-Hütte in der Südsee. Allerdings mit den Vorzügen von Klimaanlage und Satellitenfernsehen. Nicht am Strand, sondern in den Bergen befinden sich die Luxus-Jurten von *Terre d'Arômes (Séranon | www.terre-d-aromes.com)*. Komfortable Hütten für bis zu sechs Personen gibt es im Vier-Sterne-Campingdorf *Les Tournels (Route de Camarat | Ramatuelle | www.tournels.com)* mit Blick auf die Bucht von Pampelonne.

FAKTEN, MENSCHEN & NEWS

AUTORENNEN

Der Markenname eines der größten und renommiertesten Automobilherstellers des Welt ist an der Côte d'Azur erfunden worden. Der einst in Nizza lebende Kaufmann Emil Jellinek benötigte ein Pseudonym für die von ihm gemeldeten Fahrzeuge für die ersten Autorennen der begüterten Herrenfahrer. Und so benannte er die Rennkutschen, die schon zu Beginn des 20. Jhs. über die Bergstraßen der südfranzösischen Küste rauschten, nach seiner Tochter Mercedes.

Die Tradition der Rennen an der Küste wird fortgeführt: Jedes Jahr im Januar gibt die 1911 erstmals gefahrene Rallye Monte-Carlo den Startschuss für die Rallye-Weltmeisterschaft der Autos. Monaco ist im Mai mit dem einzigen, 1929 eingeweihten Stadtkurs der Formel 1 dick im Millionengeschäft.

BISTROT DE PAYS

Weil Ende des letzten Jahrhunderts abseits der großen Touristenströme viele Dorfgaststätten mangels Kundschaft entweder nur im Sommer öffneten oder gleich ganz schließen mussten, legte Frankreich 1992 eines seiner wohl charmantesten Förderprogramme auf, „Bistrot de Pays" genannt. Damit wirkte man erfolgreich dem Sterben der Landgasthöfe entgegen.

Das Konzept ist einfach und überzeugend: Das Dorf, in dem ein „bistrot" liegt, darf nicht mehr als 2000 Einwohner zählen, der Gasthof muss einer der letzten Betriebe im Ort und das ganze

Bild: Blühende Mimosen im Tanneron-Gebirge

Hinter den Kulissen der Côte d'Azur gibt es mehr zu erleben als nur sommerliches Strand- und Promenadentheater

Jahr über geöffnet sein. Die Wirte servieren regionale Spezialitäten und verkaufen an der Theke bisweilen auch Brot, Zeitungen, Straßenkarten oder Obst und Gemüse zum Teil aus biologischem Anbau. Inzwischen gibt es über hundert Betriebe vor allem im Hinterland von Nizza, in der grünen Provence rund um Cotignac oder im Verdon-Tal, die zu den besten Adressen in Südfrankreich zählen. Die komplette Liste steht, unterteilt nach Mini-Regionen, unter *www.bistrotdepays.com* im Internet.

CONSERVATOIRE DU LITTORAL

Ein Haus am Meer ist der Traum vieler Menschen. Doch die hässliche Kehrseite jenes schönen Traums zeigt sich auch an der Côte d'Azur: Betonierte Küstenstreifen vor allem zwischen Cannes und Monaco, Privatstrände und architektonische Sünden versperren den freien Blick aufs Meer. Nach den Jahren der Bauwut hat Frankreich die Notbremse gezogen und schon 1975 das „Conservatoire du Littoral" aus der Taufe gehoben, das in der

Provence und an der Côte d'Azur mittlerweile mehr als 14 000 ha sowie mehr als 100 km Küste vor Immobilienhaien schützt. So hat die halbstaatliche Schutzgemeinschaft 1989 etwa das von privaten Investoren umworbene Gelände der *Domaine du Rayol* zwischen Bormes-les-Mimosas und der Halbinsel von Saint-Tropez gekauft. Das Küstenkonservatorium engagierte den Landschaftsarchitekten Gilles Clément, der den großzügigen Park in einen botanischen Lehrpfad mit Bäumen, Büschen und Blumen aus der ganzen Welt verwandelte.

Ein weiteres Beispiel für die Arbeit des *Conservatoire* sind die Küstenwanderwege, *sentier littoral* genannt, die den gesetzlichen Anspruch erfüllen, einen mindestens drei Meter breiten Streifen am Meer für die Öffentlichkeit zugänglich zu halten. Die herrlichsten Wanderwege am Meer entlang gibt es deswegen selbst auf der Halbinsel von Cap d'Antibes oder am Cap Martin bei Monaco, aber auch auf der Halbinsel von Saint-Tropez. Nur durch den Vorgarten von Brigitte Bardot dürfen Fußgänger nicht stapfen; ihr Grundstück genießt Bestandsschutz.

FILMFESTSPIELE

Auch wenn die Nostalgiker beharrlich von der schönen alten Zeit träumen, in der angeblich alles besser war: Cannes ist und bleibt das wichtigste Filmfestival in ganz Europa. Die „Goldene Palme", die seit 1946 an der Croisette verliehen wird, verschafft im Mai Stars und Sternchen aus der ganzen Welt ein großes Rendezvous. Und das neugierige Publikum drängt sich weiter um die gigantische, mit einem roten Teppich versehene Treppe zum Hauptschauplatz, dem Festspielhaus, um einen Blick auf die Berühmtheiten zu werfen.

Halten Sie die Augen auf: In Cannes stolpern Sie an jeder Ecke über Größen der Filmbranche

FLORA

Durch die hohen Gebirgszüge vor den kalten Nordwinden geschützt, konnten an der Küste neben der angestammten Flora wie Eichen- und Kastanienwälder, wilde Blumen und Sträucher auch Pflanzen aus wärmeren Gegenden der Welt heimisch werden. Orangen- und Olivenbäume finden Sie allerorten. Der unsterbliche Olivenbaum mit den knorrigen Ästen und dem silbern schimmernden Laub wurde vor etwa 3000 Jahren aus Griechenland importiert. Hauptanbaugebiete sind heute die Gegend um Brignoles und Draguignan, die Täler von Roya und Bévéra sowie das Umland von Nizza. Liebhaber und große Restaurants bezahlen den höheren Preis für das hochwertige heimische Olivenöl, das die Jahrtausende alte Tradition fortsetzt.

Frost ist Gift für die Mimosenbäume, die der Legende nach die Truppen von Napoléon III. 1867 aus Mexiko an die Mittelmeerküste gebracht haben sollen. Den Beinamen „Les Mimosas" führt das kleine Dorf Bormes hoch über Le Lavandou erst seit 1968. Als Hauptstadt der Akazienart mit ihren sattgelben Blütenkugeln gilt Mandélieu am Fuß des Tanneron-Gebirges, das sich jedes Jahr ab Mitte Januar in ein einziges duftendes gelbes Meer verwandelt. Die ersten Palmen wurden im Jahr 1867 in Hyères gepflanzt, aber sie bestimmen auch das Straßenbild in Nizza und Cannes. Zwei Arten gedeihen vor allem am Mittelmeer: die Dattelpalme aus Nordafrika und die kanarische Palme. Zypressen spielen in den Hügeln des Hinterlandes eine wichtige Rolle. Mit ihrer schlanken Kegelform schützen sie die Felder gegen den kühlen Nordwind aus dem Gebirge.

GRIECHEN UND RÖMER

Forum Julii taufte Cäsar 49 v. Chr. auf seinem Feldzug in Gallien einen Etappenort: Im heutigen Fréjus sind die Spuren der Römer noch immer zu sehen. Sie bauten auch die Via Aurelia als Verbindung von Genua nach Gallien. Die Trasse, als 2,5 m breite Straße gepflastert,

Heimische Oliven liefern allerbeste Öle

führte über Cimiez, Fréjus und Brignoles nach Aix-en-Provence und ist noch heute als Nationalstraße 7 eine der wichtigsten Verkehrsadern an der Côte d'Azur. Älter noch als Fréjus sind aber die Städte Nizza und Antibes, die bereits im 4. Jh. v. Chr. von den Griechen, die sich in Marseille niedergelassen hatten, gegründet wurden.

HYPERMARCHÉ

Supermärkte gibt es überall in Europa, aber die Franzosen begnügen sich nicht mit Einkaufszentren, wie man sie in Deutschland kennt. Hypermarché ist hier das Zauberwort für eine Produktvielfalt, die ihresgleichen sucht; eine Vielfalt, die auf mindestens fünf Regalmetern ausschließlich Joghurt oder nur Kekse in allen Geschmacksrichtungen, Formen und Farben bietet. Hypermarché-Ungeübte verlieren da schon mal den Überblick. Auch wer sich mit Entscheidungen schwertut, sollte auf jeden Fall viel Zeit mitbringen. Die riesigen Konsumtempel, die sich wie Schlingen um alle größeren Städte, aber auch um kleinere Kommunen und Dörfer legen, sind zwar oft genug eine architektonische Plage, aber trotzdem bei Einheimischen und Touristen gleichermaßen beliebt. Kein Wunder: In den klimatisierten Hallen gibt es einfach alles, vom Fahrrad über den Herd, den Computer, die Schuhe, den Badeanzug, das Brot, das Hundefutter und den Kaffee bis hin zu den ausgefallensten Delikatessen. Manche Fisch- oder Käsetheke der Hypermarchés, die unter den Marken Carrefour, Leclerc, Auchan, Casino oder Intermarché segeln, ist tatsächlich eine Fundgrube für Feinschmecker. Und wer außer dem zarten Seeteufelfilet noch einen Liter Billigöl für seinen Automotor braucht, ist im Hypermarché auch gut bedient.

NAPOLÉON

An der Mittelmeerküste hat Frankreichs berühmter Feldherr sämtliche Höhen und Tiefen seiner Karriere erlebt. Die ersten Lorbeeren erntete der damals 24-Jährige bei der Belagerung von Toulon im Jahr 1793 und der Befreiung der Stadt von den englischen Besatzern, ein Jahr später war er als General in Nizza stationiert. Von dort startete der Korse 1796 seinen Italienfeldzug, 1799 landete er nach der Ägyptenexpedition in Saint-Raphaël. 15 Jahre später ging der General von diesem Hafen aus ins Exil nach Elba. Aber schon zehn Monate später kehrte er zurück nach Golfe-Juan und feierte auf der heutigen Route Napoléon über die Alpen die triumphale Rückkehr nach Paris.

PARFUM

Bitterorangen, Jasmin, Lavendel, Rosen und Veilchen – das ist der Fünfklang für die Welt der Düfte und Aromen, die in Grasse ihre Hauptstadt gefunden hat. Die Zitrusfrüchte kommen von der Küste, die Kräuter aus den Bergen, die Veilchen aus Tourrettes-sur-Loup, Jasmin und Rosen aus Grasse, seit dem 16. Jh. das Zentrum der Parfumindustrie. Das Geschäft mit Aromen und Düften für Lebensmittel und Kosmetik macht heute die Hälfte des Umsatzes der gut 30 Firmen von der Manufaktur bis zum Großbetrieb in und um Grasse aus.

PROMINENZ

Im Gegensatz zur Provence und der Toskana haben die Mächtigen der Erde die südostfranzösische Küste lange gemieden. Erst in der Mitte des 19. Jhs. entdeckte die Aristokratie die Côte d'Azur für sich. Die Zaren sorgten dafür, dass in Nizza ein Klein-Russland mit Kirchen und Landsitzen entstand. Bayernkönig Ludwig I., Queen Victoria, die französische Kaiserwitwe Eugénie und Belgiens König Leopold II. ließen sich zwischen Cannes und Nizza nieder. Der internationale Jetset bastelte dann nach dem Zweiten Weltkrieg an dem Mythos Côte d'Azur. Saint-Tropez war lange das Nonplusultra der Playboys und Filmstars, heute verstecken sich die Prominenten in den Hügeln des Hinterlands oder profitieren wie Autorennfahrer und Tennisprofis vom Steuerparadies Monaco. Zum Bummeln kommen sie dennoch regelmäßig an die Küste.

Es geht noch an, dass Stars wie Leonardo di Caprio oder Bono mit der Yacht zum Strandrestaurant von Pampelonne schippern, aber wenn Jean-Pierre Tuveri, Bürgermeister von Saint-Tropez, im Sommer 30 000 Hubschrauber-Shuttleflüge allein über seinem Gebiet zählt, wird

Prominenz zum lärmenden Handicap für scheinbar idyllische Orte.

SCHULE VON NIZZA

Louis Bréa begründete die Schule von Nizza im 15. Jh., aber der Ruhm des Malers beschränkte sich lange auf seine Heimatregion. Erst jetzt werden die Kirchenbilder der Barockkünstler wieder entdeckt und geschätzt. Werke von Louis Bréa, seinem Bruder Antoine oder seinem Neffen François sind in Nizza (Kloster Cimiez), Sospel (Saint-Michel), La Brigue (Saint-Martin), Coursegoules (Sainte-Marie-Madeleine) oder Lucéram (Sainte-Marguerite) zu sehen.

Doch die Kunstszene an der Côte d'Azur ruht sich nicht auf den Lorbeeren der Ahnen aus. Mit dem „Neuen Realismus" erkunden Yves Klein und Arman, beide in Nizza geboren, zusammen mit Martial Raysse, der aus Golfe-Juan stammt, die Grenzen der zeitgenössischen Kunst. Aus der modernen Schule von Nizza, zu der außer Niki de Saint Phalle auch Daniel Spoerri gehörte, entwickeln Ben Vautier oder Claude Viallat neue Ansätze zur Konzeptkunst.

YACHTEN

Nach der Karibik ist das Mittelmeer das zweitgrößte Kreuzfahrtrevier der Welt. Für Segler ist die Côte d'Azur ein echtes Paradies. Allein 71000 Boote sind zwischen Cannes und Monaco registriert. Hyères mit den drei Goldinseln Porquerolles, Port-Cros und Levant in Sicht- und Tagesreisenweite gehört zu den beliebtesten Ankerplätzen, Antibes mit 1700 Liegeplätzen ist sogar größter Yachthafen ganz Europas. Die größten Privatyachten auf dem Meer werfen den Anker vor Saint-Tropez oder Monaco. Und der Bedarf ist noch lange nicht gedeckt: Fréjus hat schon einen neuen Hafen gebaut, Saint-Raphaël erweitert die Becken genauso wie Nizza, Monaco, Cannes und Vallauris-Golfe-Juan.

Immer noch Inbegriff des Côte-d'Azur-Luxus: die große Yacht inklusive Bikinischönheit an Deck

ESSEN & TRINKEN

Die alte Streitfrage, ob die italienische oder die französische Küche besser sei, hat sich an der Côte d'Azur schnell erledigt: Die Grafschaft Nizza gehört erst seit 1860 zu Frankreich und hat über Jahrhunderte hinweg alle Qualitäten Italiens gepflegt.

Die Einflüsse beider Länder sorgen dafür, dass an der Mittelmeerküste und im Hinterland sowohl kulinarische Amateure als auch Feinschmecker verwöhnt werden.

Die Küche an der Côte d'Azur ist einfach, leicht und gesund. Es gibt ***Gemüse*** in allen Variationen, ***Fische*** und ***Meeresfrüchte***, eine unglaubliche Vielfalt an ***Gewürzkräutern*** von Thymian und Rosmarin über Minze, Salbei und Basilikum bis zu Fenchel und Lorbeer. Dazu kommen Lammfleisch aus dem Hochland, Käse von Ziegen und Schafen, die exotischsten Früchte und als Krönung ein ***Wein*** aus heimischem Anbau, der seit einigen Jahren einen großen Qualitätssprung erlebt. Das Land bietet fast alles in bester Frische: Im Norden des Départements Var, in Aups, gibt es im Winter einen der wichtigsten ***Trüffelmärkte*** Südfrankreichs. Zwischen Toulon und Menton entdecken immer mehr Landwirte den biologischen Anbau und verzichten auf die Chemiekeule. Das kleine Dorf Correns im Hinterland des Var hat innerhalb kurzer Zeit praktisch seine gesamte Wein-, Gemüse- und Obstproduktion umgestellt. Die Produkte der zum großen Teil relativ kleinen Höfe werden oft auf speziellen Märkten, den ***marchés paysans***, verkauft und von den guten Restaurants verwertet.

Bild: Restaurants in den Gassen von Cannes

Aus dem Meer und von den Feldern kommen beste Zutaten für die einfache, leichte Küche des Südens

Trotz Fastfood, das vor allem in den größeren Städten immer mehr jugendliche Anhänger findet, hat kaum eine andere Region Frankreichs so ***viele Sterneköche*** wie die Côte d'Azur. „Einfachheit und Luxus, das sind die Prinzipien der provenzalischen Küche", sagt Alain Ducasse, der vom Restaurant Le Louis XV. im Hôtel de Paris in Monaco aus ein Imperium von Spitzenrestaurants aufgebaut hat. Ducasse ist ein Schüler von Roger Vergé, der als Vater der ***cuisine du sud***, der Küche des Südens, gilt. Die großen Zeremonienmeister der Kochkunst bleiben bei ***einfachen Grundrezepten***. Von der Sonne verwöhnte Tomaten und Zucchini brauchen nur einen Hauch frischer Kräuter und ein wenig Olivenöl, um ihren ganzen Geschmack zu entfalten. Gemüse, Fisch, Olivenöl, Knoblauch und – in Maßen – ein guter Wein sorgen dafür, dass die Menschen im Süden die höchste Lebenserwartung in Frankreich haben. Auch Besucher mit kleinem Budget müssen auf kulinarische Genüsse nicht verzichten: Gute regionale Küche zu ver-

SPEZIALITÄTEN

aïoli – Mayonnaise aus zerdrücktem Knoblauch, Eigelb und Olivenöl. Wird meist freitags mit gekochtem Stockfisch *(morue)*, hart gekochten Eiern und gekochten Karotten *(carottes)*, Kartoffeln *(pommes de terre)*, evt. grünen Bohnen *(haricots verts)* serviert (Foto re.)

bouillabaisse – Fischsuppe mit Drachenkopf *(rascasse)*, Knurrhahn *(grondin)* und Seeaal *(congre)*. Außerdem: Zwiebeln, Tomaten, Safran, Knoblauch, Lorbeer, Fenchel, Salbei, ein Stück Orangenschale und natürlich Olivenöl

bourride – wie bouillabaisse, aber mit Seewolf *(loup)*, Seeteufel *(baudroie)* und Seehecht *(merlan)*, gebunden mit *aïoli*

estocaficada – Stockfisch, stundenlang mit Tomaten, Zwiebeln, Paprika, Kartoffeln und Gewürzkräutern geschmort, mit schwarzen Oliven garniert

fleurs de courgette – gefüllte Zucchiniblüten

pan bagnat – in Olivenöl gebackenes Weißbrot, garniert mit Salatblättern, rohen Zwiebeln, Tomaten, Sardellen, schwarzen Oliven und gekochtem Ei

petits farcis – mit einer feinen Mischung gefüllte Gemüse, z. B. Zucchini, Tomaten oder Auberginen

pissaladière – Zwiebelkuchen mit *pissala*, einer dicken Sauce auf Sardellenbasis und schwarzen Oliven

ratatouille – Gemüseeintopf aus Auberginen, Paprika, Tomaten, Zwiebeln und Zucchini, in Olivenöl mit Knoblauch und Kräutern gedünstet. Heiß oder kalt

salade niçoise – Salat mit Thunfisch auf grünem Blattsalat, grünen Bohnen, Radieschen, schwarzen Oliven, Paprikaschoten, hart gekochten Eiern und Sardellen in Olivenöl (Foto li.)

socca – in großen Pfannen gebackener Fladen aus Kichererbsenmehl

soupe au pistou – Gemüsesuppe aus weißen Bohnen, Tomaten und Zucchini, oft mit Speck gekocht, in die eine dicke Paste *(pistou)* aus Basilikum, Knoblauch und Olivenöl gerührt wird

tapenade – Creme aus schwarzen Oliven, Kapern und Sardellenfilets

tian de légumes – in Südfrankreich wird flaches ofenfestes Tongeschirr *tian* genannt. Darin werden Gemüse wie Auberginen, Spinat, weiße Bohnen oder Zucchini als Auflauf und Gratin gebacken

tourta de blea – süßer Kuchen aus gehackten Mangoldblättern *(blettes)* mit Pinienkernen und Rosinen

nünftigen Preisen ist überall zu finden, an der Küste wie in den kleinen Dörfern im Hinterland.

Die Zeiten, als selbst kleine Restaurants hohe Preise verlangten, sind auch an der Côte d'Azur vorbei. Sterneköche wie Bruno Cirino in La Turbie haben es vorgemacht und neben ihren Gourmetrestaurants **kleine Bistrot-Ableger** wie das *Café de la Fontaine* eröffnet, in denen frische Qualität zu günstigen Preisen auf den Teller kommt. Die **bistronomie**, wie die Franzosen das neue Phänomen nennen, hat mittlerweile die ganze Küste erreicht. Sternekoch Alain Llorca serviert in seinem *Café Llorca* im Grimaldi-Forum von Monte-Carlo mittags **Tagesgerichte**, die weniger als 20 Euro kosten. Selbst ein Star wie Bruno Oger in Le Cannet ergänzt seinen Gourmettempel Villa Archange um dem Ableger *Bistrot des Anges*, in dem die Gäste auf Kristallgläser, Silberbesteck und großes Servicegeschwader verzichten, sich dafür ganz dem guten und günstigen Essen widmen.

Das Frühstück *(petit déjeuner)* fällt karg aus: Ein Kaffee, eventuell mit Milch, dazu Weißbrot, Butter und Konfitüre, manchmal gibt es ein Croissant. Dafür werden beim **Mittagessen** *(déjeuner)* zwischen 12 und 14 Uhr gleich **drei Gänge** aufgefahren. Das Menü mit der Vorspeise *(hors d'œuvre)*, dem Hauptgang *(plat de résistance)* mit Fleisch *(viande)*, Fisch *(poisson)* oder Geflügel *(volaille)* sowie dem Dessert ist auch heute noch wichtig. Aber in den normalen Restaurants wird niemand mehr schief angesehen, der wegen der Sommerhitze nur einen großen Teller Salat essen möchte oder sich auf das meist günstige Tagesgericht *(plat du jour)* beschränkt. Abends, zum **dîner** oder *souper* (selten vor 20 Uhr), entfaltet die Küche der Côte d'Azur **ihre ganze Pracht**. Zwei Stunden sollten Sie mindestens für das Abendessen rechnen, um ein Menü vom *amuse-gueule* (Appetithäppchen) bis zur *zeste de citron* (der Zitronenschale auf dem Dessertteller) durchzukosten. Selbst in Spitzenrestaurants gehört zum Gedeck der Gratiskorb mit Weißbrot ebenso wie die Karaffe mit Wasser. An der Côte d'Azur ist es üblich, dass für einen Tisch eine gemeinsame Rechnung ausgestellt wird.

Mit Meerblick dinieren Sie an Nizzas Promenade des Anglais

Viele Restaurants haben inzwischen einen Keller mit einheimischen Weinen angelegt. Die Tropfen von **Bellet** im Norden von Nizza, mit rund 700 ha eins der kleinsten Anbaugebiete, haben schon seit 1941 die kontrollierte Herkunftsbezeichnung AOC, die 2011 europaweit in AOP *(Appellation d'Origine Protégée)* umgetauft wurde. Winzer wie die Familie de Charnacé auf Château de Bellet erzeugen ihre Rotweine mit den alten Rebsorten **Folle Noire** oder **Braquet**.

EINKAUFEN

Die Côte d'Azur ist ein Einkaufsparadies. Jener Hauch von Luxus, der seit mehr als einem Jahrhundert durch die Städte und Dörfer am Meer weht, ist in der ganzen Welt bekannt: Kein Wunder also, dass in den Boutiquen an der Küste wohl nahezu alle internationalen Nobelmarken vertreten sind. Aber die Côte d'Azur besitzt auch ihre ureigenen Spezialitäten, die sich wie etwa das eigene Parfum aus Grasse wunderbar als Reisemitbringsel eignen.

FAYENCE

Klassisch schön, ohne Schnickschnack produzieren die rund ein Dutzend Fayence-Werkstätten in Moustiers-Sainte-Marie *(www.moustiers.eu)* am Ausgang der Verdon-Schlucht ihre Teller und Tassen. Das alte Handwerk erlebt eine Renaissance, weil es zum guten Ton gehört, provenzalische Speisen auf provenzalischem Geschirr zu servieren.

FLIESEN UND KERAMIK

Die Keramiker von Salernes sind gefragt, wenn es um Fliesen oder Dekoration für Bad und Küche geht, ihre *tomettes*, die roten Fliesen, sind in ganz Frankreich ein Markenzeichen. Eineinhalb Dutzend Keramik-Werkstätten zeigen alle Facetten dieses Handwerks – klassisch, modern, verspielt oder avantgardistisch. Informationen über die Ateliers gibt es unter *www.salernes.fr*.

GLAS

Biot ist das südfranzösische Zentrum der Glaskunst. In dem Dorf sind acht Künstlerwerkstätten angesiedelt, die inzwischen Weltruf genießen. Zu den größten und ältesten gehört *La Verrerie de Biot (Chemin des Combes | www.verreriebiot.com)*, außergewöhnliche Gläser und Objekte schafft der Italiener Raphaël Farinelli: *La Verrerie Farinelli (465, Route de la Mer | www.farinelli.fr)*.

SÜSSIGKEITEN

Im Land, wo die Zitronen und Orangen blühen, gibt es Rohstoffe für die besten Süßigkeiten im Überfluss. Ein Muss sind die hausgemachten Konfitüren des *Maison Herbin (2, Rue du Vieux Collège | www.confitures-herbin.com)* in Menton, ebenso wie die kandierten Früchte des *Maison Auer (7, Rue Saint-François de Paule | www.maison-auer.com)* in Nizza und die Veilchenblüten im Zuckerman-

Ein Paradies für Genießer: Luxusgeschäfte am Meer, bodenständiges Handwerk im Hinterland

tel der *Confiserie Florian* (s. S. 100) in Pont-du-Loup oder in der Filiale von Nizza *(14, Quai Papacino)*.

TÖPFERWAREN

Pablo Picasso hat in Vallauris' Töpfereien wie der *Galerie Madoura (Av. des Anciens Combattants d'Afrique du Nord | www.madoura.com)* gearbeitet und damit dem Kunsthandwerk in der südfranzösischen Kleinstadt zu Weltruf verholfen. Eine der ältesten und größten Galerien ist *Sassi-Milici (www.sassi-milici.com)* mit Arbeiten französischer Spitzenkeramiker. Infos unter *www.vallauris-golfe-juan.com*

WEIN

Mindestens 2700 Sonnenstunden im Jahr, dazu ausreichend Regen und Wind: Die Côte d'Azur und ihr Hinterland sind wie geschaffen für trockene und gehaltvolle Weine. Die Winzer kultivieren selbst beim schnell verwertbaren Rosé ihre Unterschiede. Das Ergebnis lässt sich in jedem Glas schmecken.

Wem die Reise von einem Weingut zum anderen zu umständlich ist, der wird in Gemeinschaftskellern an der Côte d'Azur gut bedient. Das *Maison des Vins (RN 7 | www.caveaucp.fr)* in Les Arcs z. B. verkauft über 600 verschiedene Flaschen aus dem kontrollierten Herkunftsgebiet *Côtes de Provence* ohne Aufschlag. Dazu gibt es eine kompetente Beratung auch in deutscher Sprache, die nicht nur auf die großen Namen, sondern auch auf kleine Weingüter aufmerksam macht. Eine Rarität sind die Weine im Hinterland von Nizza, die unter der Qualitätsbezeichnung *Vins de Bellet (www.vinsdebellet.com)* auf gerade mal 50 h angebaut werden.

Immer mehr auf biologischen Anbau verlegen sich die Winzer im Untergebiet *Côteaux Varois* rund um Brignoles, die im *Maison des Vins (Tel. 04 94 69 33 18 | www.coteaux-varois.com)* neben der Abbaye de La Celle angeboten werden.

MONACO UND UMGEBUNG

KARTE IM HINTEREN UMSCHLAG (137 D6) (🗺 *P–Q6*) **Sündhaft teure Wohnungen, das einzige Formel-1-Rennen der Welt, bei dem die Piloten mitten durch die Stadt brettern, luxuriöse Spielkasinos, Spitzenrestaurants und eine atemraubende Architektur: Das ist Monaco.**

Mit seinen 35000 Einwohnern – davon nur 7500 Einheimische – auf knapp 2 km² ist das Fürstentum nach dem Vatikan der kleinste souveräne Staat der Erde. Er gibt eigene Briefmarken heraus, hat eine eigene Polizei, aber es gibt keine Grenzposten zum französischen Umland. Am Anfang gab es nur den Felsen, den *rocher*, der heute den Stadtteil *Monaco-Ville* bildet. Als Mönch verkleidet eroberte François Grimaldi am 8. Januar 1297 die Burg über dem Meer. Die Fürstenfamilie hat – abgesehen von kurzen Zeitspannen – seitdem das Zepter nicht mehr aus der Hand gegeben. Charles II. schafft 1869 die direkte Besteuerung ab und lässt das erste Spielkasino im neuen Stadtteil Monte-Carlo bauen. Sein Sohn Albert I. gründet 1906 das Ozeanografische Institut, Thronfolger Louis II. richtet 1929 den ersten Grand Prix von Monaco aus. Rainier III. regierte von 1949 bis zu seinem Tod 2005. Seit seiner Heirat 1956 mit der Schauspielerin Grace Patricia Kelly, die 1982 bei einem Autounfall ums Leben kam, war er Dauergast in der Regenbogenpresse, ebenso wie seine Kinder Caroline, Stéphanie und Albert, der im Frühjahr 2005 seine Nachfolge antrat. Im Dezember 2014 sind die

 Bild: Monte-Carlo

Oase für Millionäre: Der Zwergstaat der Grimaldi-Fürsten hat sich zu einem Wirtschaftsriesen entwickelt

CITY

WOHIN ZUERST?

Felsen oder Casino: Den Felsen *(rocher)* mit Altstadt, Palast und Ozeanografischem Museum erreichen Sie am besten über die beiden Parkplätze *Pêcheurs (max. Höhe 1,90 m!)* und *La Digue*. Wer erst noch ins mondäne Kasinoviertel und die Einkaufsstraßen möchte, steuert das Parkhaus *Casino (Vorsicht: max. Höhe 2 m!)* an.

lang ersehnten Kinder von Fürst Albert II. und seiner Frau Charlene, Gabriella und Thronfolger Jacques, in Monaco auf die Welt gekommen.

Fürst Rainier III. hat den Zwergstaat zum Wirtschaftsriesen gemacht, Pharma- und Kosmetikindustrie, aber auch der Tourismus spielen eine wichtige Rolle. In den zum Teil dem Meer abgewonnenen Stadtteilen Fontvieille (im Westen), La Condamine (am Hafen) und Larvotto (im Osten) sind viele der über 30 000 monegassischen Arbeitsplätze entstanden. Steuerfreiheit und eine niedrige Kriminalitätsrate machen Monaco zur sicheren Oase für Millionäre. Und der Staat wächst weiter, hinein in den Fels und hinaus aufs Meer. Der Bahnhof mit 13-stöckigem Parkhaus ist unter der Erde verschwunden. Eine am Rocher verankerte, 350 m lange schwimmende Mole mit

Das Kasino im Spiegel der Sky-Mirror-Skulptur davor

Parkhaus und Läden lockt Kreuzfahrtschiffe an. Albert II. legt beim Ausbau des Fürstentums Wert auf Umweltschutz. Der Monarch stellt sich mit Expeditionen zu Nord- und Südpol in die Tradition seines Ururgroßvaters Albert I., dessen besondere Leidenschaft die Erforschung der Ozeane war. Der frühere Bobfahrer Albert II., mehrmals bei Olympischen Winterspielen für Monaco am Start, hat eine eigene Stiftung für internationale Zusammenarbeit im Bereich Umweltschutz aus der Taufe gehoben. Ausführliche Informationen auch im MARCO POLO „Nizza/Cannes/Monaco".

SEHENSWERTES

ALTSTADT VON MONACO

Lohnend ist ein Spaziergang durch die winkeligen Gassen der Altstadt mit der dem monegassischen Bildhauer gewidmeten *Placette Bosio*, der rot gepflasterten *Rampe Major* mit den Stadttoren aus dem 16. Jh. und den Gärten *Saint-Martin*, wo ein Bronzedenkmal an Albert I. erinnert. Sehenswert sind zudem in der *Kathedrale* auf dem Stadtfelsen die Kunst von Louis Bréa und die *Fürstengräber*, in denen Grace Kelly und Rainier III. ihre letzte Ruhe gefunden haben.

CASINO DE MONTE CARLO ★ ●

Charles Garnier, Architekt der Pariser Oper, baute im Auftrag der Grimaldi-Fürsten 1878 das Kasino im Stadtteil Monte-Carlo. Die Spielsäle mit hohen, bunten Glasfenstern und schweren Bronzeleuchtern sowie der Opernsaal *(Salle Garnier)* sind nur für Erwachsene geöffnet und kosten 10 Euro Eintritt. Sehenswert sind die *Gärten* mit dem großen Springbrunnen und die *Terrassenanlagen* am Meer, die einen wunderschönen Blick auf das von Op-Art-Künstler Victor Vasarely gestaltete Dach des Kongresszentrums und den Hafen bieten. *www.casinomontecarlo.com*

COLLECTION DE VOITURES ANCIENNES

Die Grimaldi-Fürsten sind Autoliebhaber, seit es Autos gibt. Auf fünf Ebenen präsentiert Albert II. im Automobilmuseum rund 100 Karossen wie etwa den Siegerwagen des ersten Formel-1-Rennens 1929, einen Bugatti, oder das Geschenk monegassischer Geschäftsleute zur Hochzeit seines Vaters mit Grace Kelly, einen Rolls-Royce Silver Cloud. *Tgl. 10–18 Uhr | 6,50 Euro | Les Terrasses de Fontvieille*

JARDIN EXOTIQUE ★

Hoch über dem Meer gedeihen an der Felswand im Tropengarten im Stadtteil Moneghetti exotische Kakteen. Der Garten mit den Aussichtsplattformen wurde 1933 eingeweiht. Inzwischen gehören als weitere Attraktionen die 60 m tief im Fels liegende *Grotte de l'Observatoire*, in der Versteinerungen zu sehen sind, und das *Musée d'Anthropologie Préhistorique* mit einer Sammlung von Münzen, Schmuckstücken und Knochenfunden dazu. *Mitte Mai–Mitte Sept. tgl. 9–19, Mitte Sept.–Anfang Nov. und Ende Dez.–Mitte Mai tgl. 9–18 Uhr bzw. bis Einbruch der Dunkelheit | 7,20 Euro | 62, Blvd. du Jardin Exotique | www.jardin-exotique.mc*

MUSÉE OCÉANOGRAPHIQUE ★

Fürst Albert I. war passionierter Meeresforscher. Die Früchte seiner wissenschaftlichen Arbeiten werden seit 1910 im eindrucksvollen Institutsgebäude 85 m über dem Meer präsentiert. Taucher Jacques-Yves Cousteau hat in seiner über 30-jährigen Amtszeit als Direktor dem Ozeanografischen Museum zu Weltruhm verholfen. In rund 100 Aquarien leben über 4000 Meerestier- und 200 Fischarten. Die ältesten Tiere, darunter riesige Schildkröten, erhalten ihr Gnadenbrot in einem eigenen Becken. Von der INSIDER TIPP Caféteria auf der Dachterrasse haben Sie einen herrlichen Blick aufs Meer. *Juli/Aug. tgl. 9.30–19.30, April–Juni, Sept. 9.30–19, Winter 10–18 Uhr | 14 Euro | 2, Av. Saint-Martin | www.oceano.mc*

LE PALAIS PRINCIER

Der Fürstenpalast in Monaco-Ville, im 13. Jh. als genuesische Festung gebaut, wirkt wie das Bühnenbild einer Operette. Täglich um 11.55 Uhr findet die Wachablösung vor dem Haupteingang statt. Die *Grands Appartements* mit italienischer Galerie, dem Thronsaal im Empire-Stil, der Kapelle aus dem 17. Jh. sowie der z. T. für Konzerte genutzte Ehrenhof mit der Doppeltreppe aus Carrara-Marmor sind im Winter geschlossen. *April–Okt. tgl. 10–18 Uhr | 8 Euro | www.palais.mc*

ESSEN & TRINKEN

INSIDER TIPP CAFÉ LLORCA

Sternekoch Alain Llorca hat außer seinem Gourmetrestaurant in La Colle sur Loup im Forum Grimaldi mit seiner gro-

MARCO POLO HIGHLIGHTS

★ **Casino de Monte Carlo**
Prachtvoller Treffpunkt für Spieler aus aller Welt → S. 34

★ **Jardin Exotique**
Ein Paradies für seltene Kakteen in Monaco → S. 35

★ **Musée Océanographique**
Spannend präsentierte Meereswissenschaft → S. 35

★ **Route de la Grande Corniche**
Die Panoramastraße an der Côte d'Azur → S. 38

★ **Saint-Michel-Archange**
Schönes barockes Architekturensemble in Menton → S. 37

★ **Trophée des Alpes**
Siegesdenkmal des römischen Kaisers Augustus → S. 39

ßen Terrasse über dem Meer ein Bistrot eröffnet, das gute Küche zum günstigen Preis *(Tagesgericht mit Vorspeise oder Dessert 22 Euro)* anbietet. *Mo-Fr mittags 11.30–14.30 Uhr, im Sommer tgl. | 10, Av. Princesse Grace | Tel. 99 99 29 29 | www.cafellorca.mc | €*

ELSA

Chefkoch Paolo Sari hat es geschafft, mit seinen Gerichten aus Bioprodukten einen Michelin-Stern einzufahren und brilliert im Luxushotel *Monte Carlo Beach (26 Zi. | €€€)* direkt am Meer mit fantasievollen Menüs. *Nov.–Anfang März geschl. | Av. Princesse Grace | Roquebrune-Cap-Martin | Tel. 98 06 50 05 | www.monte-carlo-beach.com | €€€*

LOW BUDG€T

Wer sein Geld im Kasino loswerden will, darf im *Café de Paris (Place du Casino)* oder im *Sporting (1, Av. Princesse Grace)* am Strand von Larvotto umsonst an die Automaten.

Im *Thalassa (90 Plätze | 2, Av. Gramaglia | Cap d'Ail | Tel. 04 93 81 27 63 | www.clajsud.fr)* vor Monacos Toren kostet die Nacht mit Frühstück und Betttuch pro Person 20 Euro im Gemeinschaftszimmer.

Bruno Cirino, Chef des Gourmetlokals *Hostellerie Jérôme (tgl., im Winter Mo geschl.)* in La Turbie, eröffnete auf dem Dorfplatz neben dem Brunnen ein schlichtes Bistrot mit kleinen Köstlichkeiten zum günstigen Preis: *Café de la Fontaine (4, Av. Général de Gaulle | La Turbie | Tel. 04 93 28 52 79)*.

LE LOUIS XV

Hier schlägt das Herz eines Spitzenlokal-Imperiums: Koch-Unternehmer Alain Ducasse und sein Küchenchef Franck Cerutti leiten im *Hôtel de Paris (143 Zi. | Tel. 98 06 30 00 | €€€)*, ganz im Stil der Belle Epoque, eins der besten Restaurants Frankreichs. *Di, Mi, Dez. und Feb. geschl. | Place du Casino | Tel. 98 06 88 64 | www.alain-ducasse.com | €€€*

EINKAUFEN

Monaco bietet alles, was das Herz begehrt: von Luxusartikeln und Mode in Monte-Carlo *(Blvd. des Moulins, Av. des Spélugues* oder *Av. des Beaux-Arts)* bis zu Alltagsdingen (z. B. im *Centre Commercial de Fontvieille)*.

STRÄNDE & SPORT

Die einzigen Badestrände von Monaco liegen im Westen des Fürstentums im Stadtteil Larvotto.

LES THERMES MARINS

In Nachbarschaft des Kasinos hilft das Wellness-Zentrum beim Entspannen. Es hat allerdings seinen Preis, sich im Schwimmbad mit geheiztem Meereswasser zu tummeln, die Sauna oder den Traumblick im Fitness-Studio zu genießen. *Tgl. 7–21 Uhr | 2, Av. de Monte Carlo | Tel. 98 06 69 00 | www.thermesmarinsmontecarlo.com*

AM ABEND

Die Prominenz trifft sich in den kleinen, aber feinen Clubs. Treffpunkte der Schickeria sind seit Jahren *Sass Café (11, Av. Princesse Grace | www.sasscafe.com)* oder das winzig kleine *Le Jimmy'z (im Sommer tgl., sonst Mi–So ab 23 Uhr | Reservierung notwendig | Eintritt nur in*

Abendgarderobe | 26, Av. Princesse Grace | Tel. 92 16 22 77 | fr.jimmyzmontecarlo.com). Weniger mondän und größer ist *Stars 'n' Bars (tgl. 11–0 Uhr, Dancing bis 4 Uhr | 6, Quai Antoine 1er | www.starsnbars.com)* mit Snackbar, Billard, verrücktem Dekor, Internetcafé und Konzerten. Eine Attraktion für Normalsterbliche ist das INSIDER TIPP *Sommerkino (Cinéma d'été) (Ende Juni–Mitte Sept. jeden Abend | www.cinema2monaco.com)* unter freiem Himmel auf den *Terrasses du Parking des Pêcheurs* auf dem Stadtfelsen mit einer Leinwand, die zu den größten Europas zählt.

Weniger mondän als die kleinen Jetset-Clubs, dafür aber mit Luft zum Atmen: Stars 'n' Bars

ÜBERNACHTEN

Monaco ist ein sehr teures Pflaster. Rund 1700 der insgesamt 2500 Zimmer gehören zur Luxuskategorie in den Palästen rund um das Kasino von Monte-Carlo.

HÔTEL DE FRANCE

Im Stadtteil La Condamine, nahe dem Bahnhof in einer ruhigen kleinen Gasse gelegen. *26 Zi. | 6, Rue de la Turbie | Tel. 93 30 24 64 | www.monte-carlo.mc/france |* €€–€€€

AUSKUNFT

2a, Blvd. des Moulins | Monte-Carlo | Tel. 92 16 61 16 | www.visitmonaco.com

ZIELE IN DER UMGEBUNG

MENTON (137 D–E 5–6) (*Q6*)

Italien lässt grüßen. Kein Wunder, denn die Grenze zum Nachbarland liegt am Ortsausgang des französischen Städtchens (28 000 Ew., 10 km östlich von Monaco). Menton weist im Winter die angenehmsten Temperaturen an der gesamten Küste auf. Der Kirchplatz von ★ *Saint-Michel-Archange* gilt als eins der schönsten Barockensembles der Region. Bezeichnend ist das Wappen der Grimaldis im Kieselsteinpflaster. Über die Einkaufsstraße *Rue Saint-Michel* geht es durch die hübsche Altstadt zur *Place aux Herbes* mit Straßencafés und überdachter Markthalle. Adresse für Feinschmecker ist die *Maison Herbin (geführte Besichtigung der Fabrik Mo, Mi, Fr 10.30 Uhr | 2, Rue Palmaro | www.confitures-herbin.com)* mit hausgemachten Konfitüren und eingemachten Gemüsen.

Jean Cocteau hat den *Hochzeitssaal (Salle de Mariage) (Mo–Fr 9–12.30, 14–17 Uhr | 2 Euro | Hôtel de Ville)* des Rathauses 1958 mit Wandmalereien ausgestaltet. Zwischen Markthalle und Meer zeigt das von Rudy Ricciotti entworfene INSIDER TIPP *Musée Jean Cocteau (Mi–Mo 10–18 Uhr | 8 Euro inkl. Bastion | 2, Quai de Monléon | museecocteaumenton.fr)* die 1000 Werke umfassende Sammlung des amerikanisch-belgischen Unternehmers Séverin Wunderman.

Bekannt ist Menton auch für seine *Gärten* mit exotischen tropischen Pflanzen wie den *Jardin Botanique de Val Rahmeh (Mai–Sept. Mi–Mo 10–12.30, 15.30–18.30, Okt.–April 10–12.30, 14–17 Uhr | 6,50 Euro | Av. Saint-Jacques)*. Größer ist der am Hang gelegene *Jardin Serre de la Madone (Nov. geschl., Di–So 10–18, im Winter 10–17 Uhr | 8 Euro | 74, Route de Gorbio)*, den der Engländer Lawrence Johnston vor gut 100 Jahren angelegt hat.

Das renovierte kleine *Hôtel Lemon (18 Zi. | 10, Rue Albert 1er | 04 93 28 63 63 | www.hotel-lemon.com | €)* bietet preisgünstig Unterkunft. Das Biofrühstück wird im Garten serviert. Zum Gourmettempel hat Mauro Colagreco das *Mirazur (Mo, Di, Mitte Nov.–Mitte Feb. geschl. | 30, Av. Aristide Briand | Tel. 04 92 41 86 86 | www.mirazur.fr | €€€)* nahe der italienischen Grenze mit Blick auf Meer und Bucht gemacht. Auskunft: *8, Av. Boyer | Tel. 04 92 41 76 76 | www.tourisme-menton.fr*

ROQUEBRUNE-CAP-MARTIN

(137 D5–6) *(Q6)*

Der Architekt Charles Eduard Jeanneret, als Le Corbusier weltbekannt, hat lange in der Doppelgemeinde (13 200 Ew., 8 km östlich) nahe der französisch-italienischen Grenze gelebt und ist auf dem Friedhof von Roquebrune beerdigt. Am Strand zeugt sein Wochenendhäuschen, das *Cabanon de Le Corbusier,* von seinem künstlerischen Schaffen. Aus dem Mittelalter ist der *Wehrturm (Donjon) (Château Juni–Sept. tgl. 10–13, 14.30–19, sonst 10–12.30, 14–17 Uhr | 5 Euro)*. Von der 26 m hohen *Aussichtsplattform* hat man eine tolle Sicht auf das Dorf, Cap-Martin und Monaco. 4000 Jahre alt soll der INSIDER TIPP *Olivenbaum (Olivier Millénaire)* mit seinem 10 m umfassenden Stamm sein, der 200 m hinter dem Ortsausgang steht. Auskunft: *218, Av. Aristide Briand | Tel. 04 93 35 62 87 | www.roquebrune-cap-martin.com*

ROUTE DE LA GRANDE CORNICHE ★

(136–137 C–E 5–6) *(P–Q6)*

Sie ist eine der schönsten Panoramastraßen der Welt. Napoléon ließ die Grande Corniche zum Teil auf den Spuren der römischen Via Julia Augusta in die Berge zwischen Menton und Nizza schlagen. 500 m hoch über dem Meer eröffnen sich auf der Strecke grandiose Ausblicke auf Dörfer, Denkmäler, Felsen und das Wasser. Die D 2564, die auch Cary Grant und Grace Kelly für den Hitchcock-Film „Über den Dächern von Nizza" abfuhren, führt von Menton aus über die alte Festung von Roquebrune zum römischen Siegesdenkmal von La Turbie und von Eze über der Halbinsel von Saint-

Jean-Cap-Ferrat und Villefranche hinunter nach Nizza. Vorsicht: Die Straße ist im Sommer stark befahren, ebenso wie ihre zwei Schwestern, die *Moyenne Corniche* und die *Corniche Inférieure*, die im 18. Jh. direkt an der Küste angelegt wurde.

SAINTE-AGNÈS (137 D5) (*Q6*)

Gepflasterte Gassen, vier Kirchen und ein Fort, das zur Maginot-Linie gehörte und heute einen herrlichen Ausblick aufs Meer bietet: 800 m hoch liegt das mittelalterliche Dorf (rund 1000 Ew.) über der Küste 23 km im Nordosten von Monaco. Die in den Felsen gebaute Festung *(Juni–Sept. tgl. 10.30–12, 15–19, sonst Sa/So 14–17.30 Uhr | 5 Euro | auch im Sommer Pullover überziehen)* dient als Museum. Auskunft: *www.sainteagnes.fr.* Lohnenswert auf der Rückfahrt ist ein Abstecher nach *Gorbio (www.gorbio.fr)* mit seinen engen Gassen und zwei Kapellen aus dem 13. und 15. Jh.

TROPHÉE DES ALPES ★

(137 D6) (*P6*)

Mit dem Bau dieses Denkmals 480 m hoch über dem Mittelmeer feierte einst der römische Kaiser Augustus die Unterwerfung von 44 Volksstämmen in den Alpen. Der Sonnenkönig Louis XIV. versuchte später, das 50 m hohe und 38 m lange Gebäude aus weißem Stein zu sprengen. Der Amerikaner Edward Tuck schließlich ließ das Denkmal zwischen 1929 und 1933 renovieren und bis auf 35 m Höhe wieder aufbauen.

Die komplette wechselhafte Geschichte dieser parkähnlich angelegten Festung mit einer Aussichtsterrasse im 3200 Ew. zählenden Dorf *La Turbie (5 km nordwestlich | Av. Albert 1er)* wird Ihnen anschaulich im dazugehörigen *Museum (Mitte Mai–Mitte Sept. Di–So 9.30–13, 14.30–18.30, sonst 10–13.30, 14.30–17 Uhr | 5,50 Euro | Rue Capouane | la-turbie.monuments-nationaux.fr)* erzählt.

Wie viele Dörfer hinter der Küste ist Roquebrune steil an den Fels gebaut

NIZZA UND UMGEBUNG

Nach dem Zweiten Weltkrieg hat sich Nizza zur unangefochtenen Metropole der Côte d'Azur entwickelt. Sanft geschwungener, 10 km langer Strand, die Promenade des Anglais mit den Palästen der Belle Epoque, eine Altstadt mit bunten Häusern und Kunstschätzen des Barock, Museen und Bibliotheken sowie ein Hauch von Italien machen nach wie vor ihre große Anziehungskraft aus.

Trotz der Nähe zu Nizza haben sich Orte wie Saint-Jean-Cap-Ferrat oder Villefranche-sur-Mer einen eigenen, außerhalb der Hochsaison sogar gemütlichen und stillen Charakter bewahrt. Ein paar Kilometer im Norden tauchen Sie in die stille Welt der Berge ein. Wie Schwalbennester kleben hier kleine Dörfer auf den Hügeln. Die Franzosen nennen sie *villages perchés*, also „Dörfer wie auf der Vogelstange". Dicht an dicht und verschachtelt stehen die Häuser aneinander. Enge und teilweise überwölbte Gassen prägen die Ortsbilder. Ausführliche Informationen auch im MARCO POLO „Nizza/Cannes/Monaco".

NIZZA

KARTE IM HINTEREN UMSCHLAG (141 E–F 2–3) (*🗺 O–P 6–7*) **In Nizza (Nice), mit 350 000 Einwohnern Hauptstadt des Départements Alpes-Maritimes, hat die über 2400 Jahre alte Geschichte tiefe Spuren hinterlassen.**

Die Griechen gründeten das antike Nikaia im 4. Jh. v. Chr.; in Cemenelum,

…ld: Promenade des Anglais in Nizza

Wie Perlen auf einer Schnur reihen sich die Orte an der Côte d'Azur, doch Nizza ist ihre unbestrittene Hauptstadt

> **CITY WOHIN ZUERST?**
> **Place Masséna:** Von der Place Masséna sind Nizzas Altstadt oder die Promenade des Anglais am Meer bequem zu Fuß zu erreichen. Der Platz ist mit der Einweihung der Straßenbahnlinie zur Fußgängerzone umgestaltet worden. Das Parkhaus *Masséna* ist zuweilen belegt, eine Alternative ist das Parkhaus *Saleya* in der Altstadt.

dem heutigen Stadtteil Cimiez, siedelten die Römer ab 150 v. Chr. eine Kolonie an. Ab dem 14. Jh. gehörte Nizza zu Savoyen, schloss sich erst 1860 per Volksentscheid Frankreich an. Spuren dieser Geschichte sind viele zu finden, doch Nizza hat sich immer weiterentwickelt. Fast alle Verrücktheiten der Moderne haben ihren Niederschlag in der Stadt zwischen Meer und Seealpen gefunden. Die Engländer finanzierten den Bau der von Palmen gesäumten ★ *Promenade des Anglais*, die Vorbild für alle Strandboule-

Kandiert, getöpfert, geflochten und bestickt: Nizzas Altstadtgassen quellen über vor Mitbringseln

vards dieser Welt wurde. Adlige Russen erkoren Nizza zum Winterdomizil – die 1912 von der Zarenfamilie eingeweihte Kathedrale *Saint-Nicolas (Av. Nicolas II, im Westen des Stadtbahnhofs)* ist heute noch die größte russisch-orthodoxe Kirche außerhalb des Heimatlands. Paradebeispiel für die Paläste der Belle Epoque ist seit 1913 das *Négresco* mit seiner roten Kuppel, eins der besten Hotels weltweit. Nizza setzt auch auf die Zukunft: Das Kongresszentrum *Acropolis*, das Museum für Zeitgenössische Kunst und die *Bibliothek Louis Nucéra* mit monumentalem eckigem Betonkopf thronen als Zeugen moderner Architektur auf dem fast komplett überbauten Flussbett des Paillon. Der alte Busbahnhof und ein Parkhaus über dem Fluss sind mittlerweile abgerissen und machen Platz für die INSIDER TIPP *Promenade du Paillon*, einen wunderschönen Park mit Wasserbecken, Spielplätzen, Brunnenspielen und viel Grün. Und das Gesicht Nizzas wandelt sich weiter: Mit der Straßenbahnlinie *(tramway)* von der Autobahnausfahrt Nice-Nord hinunter zur Place Masséna und wieder hinauf ins Paillon-Tal hat die Stadt ihre Fußgängerzonen erweitert und aus der Place Garibaldi im Norden des mittelalterlichen Zentrums ein Schmuckstück gemacht, das jeden Abend kunstvoll beleuchtet wird. Entlang der Schienenstrecke sind ein gutes Dutzend zeitgenössischer Kunstwerke aufgebaut, für die das Verkehrsamt jeden Freitag ab 19 Uhr INSIDER TIPP eine Führung *(mit Fahrkarte 10 Euro)* anbietet.

SEHENSWERTES

ALTSTADT

Gassen und Plätze umgeben von Häusern in kräftigem Ockergelb und Rostrot verleihen der weitgehend restaurierten Altstadt unwiderstehlichen Charme. Märkte, Restaurants und Geschäfte sorgen für Betrieb. Das eindrucksvollste Bauwerk ist aber nicht einfach zu finden: Das INSIDER TIPP *Palais Lascaris (Mi–Mo 10–18 Uhr | 10 Euro | 15, Rue Droite)* aus dem 17. Jh. wurde im Stil eines Genueser Palasts mit außergewöhnlicher Fassade und monumentaler Treppe in eine enge Gasse gebaut. Weitere Meisterwerke des Barock sind die *Kathedrale Sainte-Réparate* an der Place Rosetti, die *Chapelle de la Miséricorde* am Cours Saleya und die Kirche *Saint-Jacques* – oder *Gesù* – in der Rue Droite. Drei Plätze geben der Altstadt ihren architektonischen Rhythmus: im Norden die Arkaden gesäumte *Place Garibaldi* mit dem Denkmal des Freiheitshelden, die *Place Saint-François* mit Stadthaus und Fischmarkt sowie der *Cours Saleya* mit dem farbenprächtigen Blumenmarkt im Süden.

BUTTE DU CHÂTEAU

Von der 1706 zerstörten Trutzburg und der Kathedrale des Mittelalters sind nur noch die Fundamente übrig. Heute ist der Schlosshügel eine Parkanlage mit Wasserfällen und herrlichem Blick auf die Altstadt im Westen, den Hafen im Osten und das Meer im Süden.

CIMIEZ

Die Keimzelle des römischen Nizza auf einer Hochfläche vor dem Mont Gros ist heute eine Villengegend. Zu entdecken sind die Ruinen der Thermen und das *Amphitheater*. Sehenswert sind außer Museen das Franziskanerkloster *Monastère Notre-Dame-de-Cimiez* mit der Kirche *Notre-Dame-de-l'Assomption (Mo–Sa 10–12, 15–18 Uhr | Eintritt frei | Place du Monastère | Bus 15, 22)*, die drei Altartafeln von Louis Bréa birgt.

MUSÉE D'ART MODERNE ET D'ART CONTEMPORAIN (MAMAC)

Das 1990 eingeweihte Gebäude der Architekten Yves Bayard und Henri Vidal über dem Fluss Paillon am Tor zur Altstadt Nizzas ist mit seinen vier Marmortürmen der ideale Ausstellungsraum für die französische und amerikanische Avantgarde seit 1960. Glanzstücke sind die Säle mit Arbeiten des in Nizza geborenen Yves Klein (1928–62), darunter eini-

MARCO POLO HIGHLIGHTS

★ Promenade des Anglais
Engländer finanzierten die von Palmen und Palästen gesäumte Flaniermeile direkt am Meer → S. 41

★ Musée National Marc Chagall
Das Vermächtnis des Meisters in Nizza – die größte Sammlung seiner Werke → S. 45

★ Märkte
Blumen, Fische, Fleisch, Gemüse – ein buntes Fest für alle Sinne in Nizzas Altstadt → S. 46

★ Musée National Fernand Léger
Und noch ein Vermächtnis: Riesenkeramik und starke Bilder in Biot → S. 48

★ Cap Ferrat
Auf der Halbinsel der Monarchen und Millionäre stehen prächtige Villen in üppigen Parks und an kleinen Stränden → S. 49

★ Eze
Ein wahres *village perché.* Schon Nietzsche verbrachte seine Ferien im Dorf hoch über dem Meer → S. 50

★ Chapelle du Rosaire
Ein Bauwerk, ein Künstler: Matisse entwarf und gestaltete die Kapelle in Vence → S. 52

★ Fondation Maeght
Unvergleichliches Privatmuseum in Saint-Paul-de-Vence → S. 53

ge seiner berühmten INSIDER TIPP „blauen Bilder", oder die Sammlung, die Niki de Saint Phalle dem Museum vermacht hat. Vertreten sind neben dem Lokalmatador Benjamin Vautier (Ben) außerdem US-Künstler wie Andy Warhol, Rob Rauschenberg und Tom Wesselmann. Oben von der Dachterrasse aus bietet sich ein herrlicher Blick auf Stadt und Meer. *Di–So 10–18 Uhr | 10 Euro | Place Yves Klein | www.mamac-nice.org*

MUSÉE DES ARTS ASIATIQUES

Nizzas jüngstes Museum wurde vom japanischen Architekten Kenzo Tange mutig und elegant in den Parc Phoenix gebaut. Klassische und zeitgenössische Kunst aus Asien. *Mi–Mo 10–17, im Sommer bis 18 Uhr | Eintritt frei | 405, Promenade des Anglais | Bus Arénas | www.arts-asiatiques.com*

MUSÉE DES BEAUX-ARTS

Italienische und französische Malerei des 17. bis 20. Jhs. birgt das Palais im Universitätsviertel Les Baumettes; darunter Hauptwerke von Hubert Robert, Kees van Dongen, Raoul Dufy und Auguste Rodin. *Di–So 10–18 Uhr | 10 Euro | 33, Av. des Baumettes | Bus | www.musee-beaux-arts-nice.org*

MUSÉE MASSÉNA

Das Geschichts- und Kunstmuseum der Stadt ist in einem herrlichen Belle-Epoque-Palast mit schönem Garten an der Promenade des Anglais untergebracht. *Mi–Mo 10–18 Uhr | 10 Euro | Eingang 65, Rue de France | Bus 11, 94*

MUSÉE MATISSE

Henri Matisse (1869–1954) lebte von 1917 bis zu seinem Tod in Nizza. In einer Genueser Villa aus dem 17. Jh. in einem Olivenhain von Cimiez wird die eigene Sammlung des Malers als repräsentativer Überblick über das Gesamtwerk gezeigt. *Mi–Mo 10–18 Uhr | 10 Euro | 164, Av. des Arènes de Cimiez | Bus Arènes/Musée Matisse | www.musee-matisse-nice.org*

Künstler gleich Stifter: Marc Chagalls größte Sammlung bekam in Cimiez ein eigenes Museum

MUSÉE NATIONAL MARC CHAGALL ★

Der Maler Marc Chagall (1887–1985) selbst hat die größte zusammenhängende Sammlung seiner Werke gestiftet, für die in Cimiez ein eigenes Museum gebaut wurde. Den Schwerpunkt bilden biblische Botschaften mit Gemälden, Skulpturen, Tapisserien und das Mosaik des Propheten Elias an der Außenwand des Gebäudes. *Mai–Okt. Mi–Mo 10–18, Nov.–April 10–17 Uhr | 8 Euro | Av. du Docteur Ménard | Bus Musée Chagall | www.musee-chagall.fr*

INSIDER TIPP VILLA ARSON

In dieser Villa aus dem 18. Jh. mit einem schönen Garten, das Ganze eingebettet in einen Gebäudekomplex im Bauhaus-Stil, geht es ausschließlich um die zeitgenössische Kunst. Die Hochschule mit ihrer Mediathek zeigt die spannendsten Ausstellungen am Mittelmeer. *Mi–Mo 14–18 Uhr | Eintritt frei | 20, Av. Stephen Liégeard | Bus Le Ray o. Deux Avenues | www.villa-arson.org*

ESSEN & TRINKEN

LE CAFÉ DE TURIN

Seit 1908 die Institution für frische Meeresfrüchte in Nizza – Austern schlürfen zu jeder Tageszeit. Wer Muscheln und Fisch lieber gekocht isst, hat die Wahl zwischen zwei weiteren Restaurants unter den Arkaden an der Place Garibaldi, dem *Turin (Do–Di)* oder dem *Turinissimo (So-Abend, Mo, Di-Mittag geschl.)*. *Tgl. | 5, Place Garibaldi | Tel. 04 93 62 29 52 | www.cafedeturin.fr |* €–€€€

COMPTOIR CENTRAL ELECTRIQUE

Das Viertel im Norden der Altstadt zwischen der Place Garibaldi und dem Hafen entwickelt sich zum neuen Gastrotreff in Nizza. Dafür steht das Vintage-Bistrot in einem ehemaligen Elektrogeschäft mit origineller Deko, Terrasse und kreativer Küche. *So geschl. | 10, Rue Bonaparte | Tel. 04 93 14 09 62 | www.comptoircentralelectrique.fr |* €–€€

LA MERENDA

Winziges Restaurant, also kein Platz für ein vertrauliches Tête-à-Tête. Dominique Le Stanc kocht lokale Spezialitäten, alles frisch vom Markt. *Sa/So geschl., persönlich reservieren | 4, Rue Raoul Bosio |* €–€€

PLAGE BEAU RIVAGE ●

Direkt am Strand, mitten in der Stadt und dennoch hören Sie im Restaurant des *Hotel Beau Rivage (118 Zi. | 24, Rue Saint-François-de-Paule | Tel. 04 92 47 82 82 | www.nicebeaurivage.com)* nur das Rauschen des Meers. Ideal zum Entspannen bei einem kleinen Mittagessen oder im Sommer zum Dinner. *Ganzjährig mittags, Mai–Sept. abends | a Tapas | 107, Quai des 93 80 75 06 | www.pl com |* €–€€

INSIDER TIPP L'UNION
Touristen verirren sich selten ins aufstrebende Borriglione-Viertel, in dem Daniel Alvarez seine Brasserie mit Sommergarten und Boulefeld betreibt und Spezialitäten aus Nizza wie *pissaladière,* Kutteln *(tripes),* Gemüsekrapfen *(beignets)* oder Rinderragout *(daube)* zu vernünftigen Preisen anbietet. *Tgl. | 1, Rue Michelet | Tel. 04 93 84 65 27 | Tramway Valrose-Université | www.unionrestaurant.fr |* €

EINKAUFEN

Eine Institution für den Kauf von Olivenöl ist INSIDER TIPP *Nicolas Alziari (14, Rue Saint-François de Paule)*. Das Spezialitätengeschäft für kandierte Früchte, *Maison Auer (7, Rue Saint-François de Paule)*, bietet auch Schokolade und Pralinen. Stöbern kann man auf dem kleinen Antiquitätenmarkt, *Marché aux Puces de Nice (Di–Sa 10–18 Uhr)*, am Hafen. Für Mode sind die Straßen rund um die Rue de la Liberté die erste Adresse. Die großen Marken finden Sie im Viertel westlich der Avenue Jean Médecin zwischen Boulevard Victor Hugo und Promenade des Anglais. Größtes innerstädtisches Einkaufszentrum ist *Nicetoile (30, Av. Jean Médecin | www.nicetoile.com)* mit rund 100 Boutiquen unter einem Dach.

MÄRKTE ★
Um seine Märkte in der Altstadt wird Nizza im ganzen Land beneidet. Legendär ist der *Fischmarkt (Di–So 6–13 Uhr)* auf der Place Saint-François mit ungeheuer großem Angebot. Ein paar Schritte weiter auf dem *Cours Saleya*, wo der *Marché aux fleurs (Di–Sa 6–17.30, So 6–12 Uhr)* zu Hause ist, gibt es Blumen im Überfluss, dazu kommt der nicht minder farbenfrohe *Lebensmittelmarkt (Di–So 7–13 Uhr)*.

STRÄNDE & SPORT

Auf 7 km Länge liegen 15 private und 20 öffentliche Badestrände. Am Strand

Gemüsevielfalt am Cours Saleya. Wie man den Überblick behält? Nur mit Ernst und Hingabe

Plage d'Opéra - Beau Rivage hat *Nikaia Water Sports (www.nikaiaglisse.com)* sein Zentrum mit Wasserski, Gleitschirmsegeln, Kanu- und Kajakverleih aufgebaut. Auf der *Promenade des Anglais* gibt's eine Extraspur für Radler und Rollerfahrer. Großes Wellness- und Spa-Angebot, z. B. *Deep Nature Spa (Hotel Boscolo Exedra | 12, Blvd. Victor Hugo | www.deepnature.fr)* und der ebenfalls für externe Gäste offene Spa-Bereich im *Hôtel Splendid (50, Blvd. Victor Hugo | www.spa-splendid.com)*. Der Pool auf dem Dach ist aber nur für Hotelgäste.

AM ABEND

Nizza ist eine Großstadt mit Universität und entsprechend breit fächert sich das Angebot an Kinos, Clubs, Diskos, Theatern, aber auch Spielkasinos auf. Treffpunkte ist die Altstadt rund um den *Cours Saleya* mit Livebands im Pub *Wayne's (15, Rue de la Préfecture | www.waynes.fr)*. DJs sorgen jeden Abend in der *Happy Bar* des Designhotels *Hi Hôtel (38 Zi. | 3, Av. des Fleurs | Tel. 04 97 07 26 26 | www.hi-hotel.net)* mit Bio-Restaurant *(€€€)* für Stimmung.

ÜBERNACHTEN

COMTÉ DE NICE

Einfaches, blitzsauberes Hotel zu günstigen Preisen in der Nähe des Bahnhofs, eines öffentlichen Parkplatzes und der Tramstation *Libération. 55 Zi./12 Apts. | 29, Rue de Dijon | Tel. 04 93 88 94 56 | www.hotelcomtedenice.com | €*

NÉGRESCO

Das Nonplusultra in puncto Hotel an der Côte d'Azur: Ausgesuchter Luxus im Stil der Belle Epoque; mit Fassaden, Glaskuppel und Baccaratlüster offiziell als historisches Baudenkmal eingestuft. Angeschlossen sind das Spitzenrestaurant *Le Chantecler (Mo, Di, Jan. geschl. | €€€)* die Brasserie *La Rotonde (€€–€€€)* und die Bar *Le Relais (11.30–1 Uhr)* mit der aufgefrischten Dekoration von 1913. *117 Zi. und Suiten | 37, Promenade des Anglais | Tel. 04 93 16 64 00 | www.hotel-negresco-nice.com | €€€*

LE PETIT LOUVRE

Einfaches, aber charmantes, günstiges Haus mit kleinen Zimmern für junge Leute. Herzlicher Empfang. *31 Zi. | Nov.–Jan. geschl. | 10, Rue Emma et Philippe Tiranty | Tel. 04 93 80 15 54 | www.hotelpetitlouvre.fr | €*

INSIDER TIPP HÔTEL WINDSOR

Mitten in der Stadt, aber mit Garten, Pool und Wellnessbereich. Praktisch jedes Jahr gibt es eine neue Kunstüberraschung. Ein großer Teil der Zimmer ist wie die Eingangshalle und das Restaurant von Künstlern wie Ben, Lawrence Weiner, François Morellet oder Gottfried Honegger gestaltet. *57 Zi. | 11, Rue Dalpozzo | Tel. 04 93 88 59 35 | www.hotelwindsornice.com | €€€*

AUSKUNFT

Infomaterial auch auf Deutsch gibt es am Bahnhof *(Av. Thiers)* oder im Zentrum *(5, Promenade des Anglais | Tel. 08 92 70 74 07 | www.nicetourisme.com)*. Das Verkehrsamt vertreibt den *French Riviera Pass (26 für 1 Tag, 38 Euro für 2 Tage)* mit der Stadtrundfahrt „Nice le Grand Tour", Stadtführungen und Rabatten in Restaurants und Geschäften.

ZIELE IN DER UMGEBUNG

BEAULIEU-SUR-MER (141 F3) (*P7*)

Mit Palmen und Palästen ein typisches Seebad (3700 Ew., 8 km östlich) der Belle Epoque. Schon Baumeister Gustave Eiffel residierte hier. Mit 1000 Plätzen ist Beaulieu-sur-Mer ein wichtiger Yachthafen. An der Südspitze der Ameisenbucht *(Baie des Fourmis)* hat sich der Archäologe Theodor Reinach Anfang des 20. Jhs. seinen Traum verwirklicht und mit edlen Materialien die Kopie einer Villa des klassischen Griechenland gebaut: die *Villa Grecque Kérylos (Feb.–Juni, Sept.–Okt. tgl. 10–18, Juli/Aug. 10–19, Nov.–Feb. Mo–Fr 14–18, Sa/So 10–18 Uhr | 11,50 Euro | www.villa-kerylos.com)*.

BIOT ● (141 D4) *(N–O7)*
Die Kunst der Töpferei in Biot (9000 Ew., 20 km westlich) reicht bis in die Antike zurück. Seit 50 Jahren ist das Dorf mit seinem schönen Ortskern zudem auf Glasbläserei und Schmuck spezialisiert. Wie die Kunsthandwerker arbeiten, sehen Sie in der Glasbläserei: *La Verrerie de Biot (Sommer Mo–Sa 9.30–20, So 10–13, 15–19, Winter Mo–Sa 9.30–18, So 10.30–13, 14.30–18.30 Uhr | Chemin des Combes | www.verreriebiot.com)*. Seit 1960 ist der Ort eng mit Fernand Léger (1881–1955) verbunden. Das ★ *Musée National Fernand Léger (Mi–Mo 10–17, Mai–Okt. bis 18 Uhr | 5,50 Euro | Chemin du Val de Pome | www.musees-nationaux-alpesmaritimes.fr/fleger)* beherbergt die 348 Werke, die die Witwe des Künstlers dem französischen Staat stiftete. 500 m² misst das Mosaik an der Hauptfassade, das einst im Stadion von Hannover dem Sport huldigen sollte.

In den Kellergewölben des Hotel-Restaurants *Les Arcades (Restaurant So-Abend, Mo geschl. | 16, Place des Arcades | Tel. 04 93 65 01 04 | www.hotel-restaurant-les-arcades.com | €–€€ | Hotel mit 12 Zi. | €–€€)* hat das Wirtspaar Mimi und André Brothier seit über 40 Jahren INSIDER TIPP **Kunstschätze** (Fernand Léger, Victor Vasarely etc.) zusammengetragen. Das Restaurant bietet etwas zu teure provenzalische Küche, dafür sind aber die Zimmer wunderschön dekoriert.
Auskunft: *46, Rue Saint-Sébastien | Tel. 04 93 65 78 00 | www.biot-tourisme.com*

CAGNES-SUR-MER (141 D–E3) *(O7)*
Das einstige Fischerdorf *Cros-de-Cagnes* mit der Pferderennbahn hat sich noch ein bisschen Charme bewahrt, Cagnes selbst allerdings scheint im Autoverkehr zu ersticken: Die Stadt (49 000 Ew., 15 km westlich) ist ein negatives Beispiel für die Auswirkungen der Zersiedelung der Küste. Reizvoll dagegen ist heute noch die Altstadt *Haut-de-Cagnes* mit dem *Schloss* der Grimaldi-Fürsten, die bis zur Französischen Revolution die Geschicke des Orts bestimmt haben. Das INSIDER TIPP ***Château-Musée Grimaldi*** *(Sommer Mi–*

LOW BUDG€T

Mit Schwimmbad und Sportplatz: Das Jugendhostel *Clairvallon (150 Plätze | 26, Av. Scudéri | Tel. 04 93 81 27 63 | www.clajsud.fr)* in Nizza macht die Côte erschwinglich. Der Schlafplatz kostet 20, die Mahlzeit 12 Euro; dafür ist Hilfe beim Geschirrspülen gefragt.

Ein Stück *socca*, in Olivenöl gebackener Fladen aus Kichererbsenmehl, eine *pissaladière*, Zwiebelkuchen mit Sardellenfilets, oder ein einfaches *pan bagnat* mit Salat, Oliven und Ei helfen gegen den kleinen Hunger und kosten nicht mal 5 Euro. Gute Adressen in Nizzas Altstadt: *René Socca (2, Rue Miralhéti | Ecke Rue Pairolière)* oder *Nissa Socca (5, Rue Sainte-Réparate)*.

Das Cap Ferrat – getüpfelt mit Traumdomizilen. Vielleicht doch mal Lotto spielen?

Mo 10–12, 14–18, im Winter bis 17 Uhr | 4 Euro) besitzt einen bezaubernden Renaissance-Innenhof, eine Kunstsammlung und ein Olivenbaummuseum.

Schlendert man in den Gassen und unter den Arkaden des mittelalterlichen Schlosses wird deutlich, warum viele Maler diesen Ort auf den vielen Hügeln als Domizil erwählt haben. Pierre-Auguste Renoir (1841–1919) hat sich mitten im Olivenhain *Les Collettes* eingerichtet. Das 2013 komplett renovierte Haus mit schönem Garten und der Bronzeskulptur *Venus Victrix* ist heute als *Musée Renoir (Sommer Mi–Mo 10–12, 14–18, im Winter bis 17 Uhr | 6 Euro)* Gedenkstätte und Museum. Auskunft: *Office de Tourisme (6, Blvd. Maréchal Juin | Cagnes-sur-Mer | Tel. 04 93 20 61 64 | www.cagnes-tourisme.com)*

CAP FERRAT ★ (141 F3) *(P7)*

Die 3,5 km lange Halbinsel der Millionäre um das alte Fischerdorf *Saint-Jean-Cap-Ferrat* (2100 Ew., 6 km östlich) mit ihren prächtigen Villen, üppigen Parks, kleinen Stränden und dem *Leuchtturm* mit Traumblick, lässt sich am besten zu Fuß erobern. Die 11 km des *Küstenwanderwegs (sentier littoral)* geben immer wieder Blicke frei auf Immobilien, die einst Prominenten wie Belgienkönig Leopold II., Gregory Peck oder Somerset Maugham gehörten.

Die schönste Anlage auf dem Cap mit einem Traumblick aus Haus und Garten ist für Besucher geöffnet: 1910 ließ Baronin Béatrice Ephrussi de Rothschild mitten auf der Halbinsel die *Villa Ephrussi de Rothschild (Feb.–Okt. tgl. 10–18, Juli/Aug. bis 19, Nov.–Jan. 14–18 Uhr | 13 Euro | www.villa-ephrussi.com)* im italienischen Stil bauen, die heute zusammen mit dem 7 ha großen Park zum *Musée Île-de-France* mit mehr als 5000 Kunstwerken geworden ist. Auskunft: *5 und 59, Av. Denis Séméria | Tel. 04 93 76 08 90 | www.saintjeancapferrat-tourisme.fr*

In die Felsen gebaut: das Dorf Eze mit phantastischer Aussicht

EZE ★ (141 F2) *(P6)*
Die ägyptische Gottheit Isis soll dem Dorf, das sich an den Felsen 427 m steil über dem Meer schmiegt, seinen Namen gegeben haben. Eze, knapp 10 km im Osten von Nizza, ist mit seinen rund 3000 Einwohnern das Paradebeispiel für ein *village perché*. Für den Segen des Tourismus hat Eze den traditionellen Nelken- und Mandarinenanbau fast aufgegeben. Friedrich Nietzsche erkor das sorgfältig restaurierte Dorf mit den steilen Gassen zu seinem Feriendomizil. Wer den Fußweg (2 Std. hin und zurück) auf den Spuren des Philosophen vom Badeort *Eze-Bord-de-Mer* hinauf zum Berg folgen will, braucht eine gute Kondition.
Eine Attraktion in Eze ist der *Jardin Exotique (im Sommer 9–20, sonst 9–17.30 Uhr | 6 Euro)* mit seinen Kakteen rund um die Ruine der *Burg* aus dem 14. Jh., die Sonnenkönig Ludwig XIV. Anfang des 18. Jhs. schleifen ließ. Von der Terrasse aus ist die Aussicht auf die Riviera traumhaft. Im Dorf hat Loïc Siino sein eigenes Restaurant *L'Alchimie (So geschl. | 197, Av. de Verdun | Tel. 04 93 41 12 79 | www.restaurant-lalchimie.com | €€–€€€)* mit tollen Krea-tionen aufgemacht. Auskunft: *Place de Gaulle | Tel. 04 93 41 26 00 | www.eze-tourisme.com*

INSIDER TIPP LUCÉRAM
(141 F1) *(P5)*
Im 15. Jh. eine florierende Etappe auf der Salzstraße, hat Lucéram (1200 Ew.), 25 km nördlich von Nizza, Spuren seiner reichen Geschichte bewahrt. Kostbar ist der Kirchenschatz in der *Eglise Sainte-Marguerite* mit Altarbildern von Giovanni Canavesio und Louis Bréa, die zu den schönsten Beispielen der Schule von Nizza im Barock gehören. Das Dorf feiert am 24. Dezember die Hirtenweihnacht mit Prozession zur Kirche. Zusammen mit dem Weiler *Piera-Cava* (14 km im Norden) präsentiert man von Dezember bis Januar rund INSIDER TIPP 450 private Weihnachtskrippen *(circuit des crèches)*. Auskunft: *6, Place Adrien Barralis | Tel. 04 93 91 60 50 | www.luceram.com*

PEILLON (137 D5) (*P6*)
Wie ein Adlernest hockt das Dorf (1300 Ew.), das sich ohne architektonischen Fehlgriff seinen mittelalterlichen Charakter bewahrt hat, auf einem Felsen etwas abseits vom Paillon-Tal, 15 km im Nordosten von Nizza. Es gibt praktisch keine Straßen, nur Treppen und Wege, zum Teil unter Gewölben hindurch. Großartige Fresken von Giovanni Canavesio aus dem 15. Jh. sehen Sie in der *Chapelle des Pénitents Blancs*. Einen Abstecher wert ist der Nachbarort *Peille* (2200 Ew.).

VILLEFRANCHE-SUR-MER
(141 F3) (*P7*)
Hübsche Altstadt (6600 Ew.) am Meer unterhalb der Zitadelle, die der Herzog von Savoyen im 16. Jh. bauen ließ. Die Festung ist heute ein *Museum (Okt.–Mai tgl. 10–12, 14–17.30, Juni–Sept. tgl. 10–12, 15–18.30 Uhr, So-Vormittag geschl. | Eintritt frei)* mit Skulpturen von Antoniucci Volti, Bildern und der kostbaren Sammlung des Künstlerpaars Christine Boumeester und Henri Goetz. Jean Cocteau hat 1957 die *Petrus-Kapelle (Mi–Mo 10–12, 15–19 (Sommer), 14–18 Uhr (Winter), Mitte Nov.–Mitte Dez. geschl. | 3 Euro)* ausgemalt. Auskunft: *Jardin François Binon | Tel. 04 93 01 73 68 | www.villefranche-sur-mer.com*

VENCE

(141 D2) (*O6*) **Die ersten Christen erkoren die 10 km vom Meer entfernt am Fuß der bis zu 1000 m hohen Berge gelegene römische Stadt Vintium im 4. Jh. zu ihrem Domizil.**
1909 entdeckte Raoul Dufy die Bischofsstadt für die Malerei, die Künstler Henri Matisse, Marc Chagall und Jean Du-

BÜCHER & FILME

Der Ducasse – Das Kochbuch mit den besten Rezepten vom Meister der französischen Küche, Alain Ducasse, bereitet gut auf eine kulinarische Reise vor

Des fruits et des fleurs – Ein Augenschmaus ist der Band, den Journalist Jacques Gantié für die Confiserie Florian in Pont-du-Loup mit 25 Rezepten von 25 Spitzenköchen der Côte d'Azur geschrieben hat

Ich schenk' dir Monte Carlo – Der Historienroman (1995) des in Monaco lebenden Schriftstellers Rolf Palm beschreibt den Aufstieg der Flickschustertochter Marie Hensel zur Mitgründerin des Kasinos von Monte Carlo

Und ewig lockt das Weib – Roger Vadims Film mit Brigitte Bardot, Curd Jürgens und Jean-Louis Trintignant schreibt 1956 Geschichte und macht Saint-Tropez zum Zentrum des Jetsets

James Bond – Der elegante Geheimagent im Dienst Ihrer Majestät macht gern mal Station an der Côte – z. B. Sean Connery als 007 in „Sag' niemals nie"(1983) oder Kollege Pierce Brosnan 1995 in „Golden Eye"

Über den Dächern von Nizza – Eze, Monaco, Cagnes-sur-Mer, die Grande Corniche und Nizza: In Hitchcocks Klassiker von 1955 ist die Côte d'Azur der Star – neben Grace Kelly und Cary Grant

buffet folgten seinen Spuren. Vence (19 000 Ew.) mit seinen Galerien und Märkten, den vielen Restaurants und seiner zwar kleinen, aber sehr schönen Altstadt ist ein das ganze Jahr über lebendiges Touristenzentrum zwischen Meer und Hinterland. Allerdings ist das früher von Weinbergen, Obstbäumen und Blumenbeeten gekennzeichnete Umland durch unkontrolliertes Bauen völlig zersiedelt.

SEHENSWERTES

ALTSTADT

Die Altstadt von Vence auf einem Felsplateau mit der noch teilweise erhaltenen elliptischen Stadtmauer hat ihren mittelalterlichen Charakter bewahrt. Gleich drei Brunnen besitzt die *Place du Peyra*, das ehemalige römische Forum. Das frühere *Schloss* der Herren von Vence an der Place du Frêne mit einer fast 500 Jahre alten Esche ist heute ein Museum mit Ausstellungen großer Maler der Moderne: *Château de Villeneuve (Fondation Emile Hugues | Di–So 10–12.30, 14–18, Juli/Aug. 10–18 Uhr | 7 Euro)*.
Marc Chagall hat der Kathedrale *Saint-Véran* mit ihrem Kirchenschiff aus dem 11. Jh., dem Chorgestühl aus dem 15. Jh. und der Fassade aus dem 19. Jh. ein sehenswertes Mosaik für das Baptisterium vermacht. Es stellt die Rettung Moses' aus dem Nil dar.

CHAPELLE DU ROSAIRE ★

Henri Matisse entwarf einst die Rosenkranzkapelle der Dominikanerinnen etwas außerhalb von Vence an der Straße zu dem eindrucksvollen Berg *(Baou)* von Saint-Jeannet und stattete sie auch aus. Nach eigener Aussage vollbrachte der Maler damit in Vence sein unbestrittenes Meisterwerk. *Mo, Mi, Sa 14–17.30, Fr (nur in der Ferienzeit) 14–17.30, Di/Do 10–11.30 und 14–17.30, So zur Messe um 10 Uhr, Mitte Nov.–Mitte Dez. geschl. | 6 Euro | 446, Av. Henri Matisse*

ESSEN & TRINKEN

AUBERGE DES SEIGNEURS

Traditionsreicher Gasthof aus dem 17. Jh. am Schloss in der Altstadt. Die 6 Zimmer *(€€)* tragen jeweils die Namen berühmter Maler. *So, Mo geschl. | 1, Rue du Dr Binet | Tel. 04 93 58 04 24 | www.auberge-seigneurs.com | €€*

LA LITOTE

Das kleine Restaurant in der Fußgängerzone der Altstadt serviert im Sommer auf der Terrasse unter der Linde kreative provenzalische Küche. *So-Abend, Mo und im Winter Di geschl. | 5, Rue de l'Evêché | Tel. 04 93 24 27 82 | €€*

EINKAUFEN

Vence ist ein Zentrum für Kunsthandwerk mit exquisiten Galerien, aber auch sehr schönen Märkten *(Di–So jeden Morgen auf der Place du Grand-Jardin und der kleinen Place Surian)*.

ÜBERNACHTEN

LA LUBIANE

Ein einfacher Gasthof mit blumengeschmückter Terrasse am Ufer der Lubiane rund 400 m vom Stadtzentrum entfernt. Preisgünstiges Restaurant *(€)*. *14 Zi. | 15. Nov.–Jan. geschl. | 10, Av. Maréchal Joffre | Tel. 04 93 58 01 10 | www.lubiane.fr | €*

VILLA ROSERAIE

Jugendstilvilla mit Schwimmbad, Terrasse und Garten 400 m vom Zentrum. *14 Zi. | Mitte Nov.–Mitte Feb. geschl. | 128, Av. Henri Giraud | Tel. 04 93 58 02 20 | www.villaroseraie.com | €€–€€€*

AUSKUNFT

Place du Grand Jardin | Tel. 04 93 58 06 38 | www.vence.fr

ZIEL IN DER UMGEBUNG

SAINT-PAUL-DE-VENCE

(141 D3) *(07)*

Erst um 1920 entdeckten Künstler das kleine Nest mit seinen hübschen Gassen und der bestens erhaltenen, immer noch INSIDER TIPP begehbaren Stadtmauer aus dem 16. Jh. Heute gilt der Ort (3300 Ew.) als eine der exklusivsten Adressen der ganzen Côte d'Azur. Dazu beigetragen hat das legendäre Restaurant *La Colombe d'Or (tgl. | 1, Place du Général de Gaulle | Tel. 04 93 32 80 02 | www.la-colombe-dor.com | €€€ | auch 25 Zi. | mit Park und Schwimmbad | €€€)*. Ihm haben große Meister der Moderne wie Pablo Picasso und Georges Braque eine kostbare Kunstsammlung vermacht. Fast 20 Jahre lang hat Marc Chagall in dem Dorf gelebt. Eine perfekte Lage am Ortseingang hat das *Café de la Place (1, Place Général de Gaulle | Tel. 04 93 32 80 03 | €)* am großen Bouleplatz. Auskunft: *2, Rue Grande | Tel. 04 93 32 86 95 | www.saint-pauldevence.com*

Hunderttausende Kunstliebhaber pilgerten seit 1964 in eins der schönsten Privatmuseen der Welt, die ★ *Fondation Maeght* (sprich: Maag) *(tgl. 10–18, im Hochsommer bis 19 Uhr | 15 Euro | www.fondation-maeght.com)* etwas außerhalb des Dorfs Saint-Paul-de-Vence. Der katalonische Architekt Josep Lluis Sert entwarf für das Sammlerpaar Aimé und Marguerite Maeght mit Künstlern wie Joan Miró, Georges Braque, Alberto Giacometti und Marc Chagall den Bau aus hellem Beton und rotem Backstein. Er fügt sich harmonisch in die mediterrane Landschaft ein. Im Freigelände werden große Skulpturen ausgestellt. Ins Gebäude locken eine riesige Sammlung der Moderne und jedes Jahr sehenswerte Wechselausstellungen.

Großartige Objekte in schönster Naturkulisse: im Garten der Fondation Maeght

CANNES UND UMGEBUNG

Seinen Aufstieg verdankt Cannes einem Zufall. Weil 1834 ein britischer Lord an der (damals noch existierenden) Grenze zu Nizza abgewiesen wurde, wählte er sein Winterdomizil in der Bucht an der Croisette, und viele folgten ihm.

Seine Statue überblickt heute das Gebäude, in dem einmal im Jahr die Goldene Palme bei den internationalen Filmfestspielen vergeben wird. Cannes und Antibes bilden zusammen eins der wichtigsten Strandbäder der Côte d'Azur mit noblen Geschäften, Hotelpalästen der Belle Epoque und unzähligen Sonnenhungrigen am Strand. Im stillen Hinterland sorgt Grasse mit herrlichen Düften dafür, dass das Publikum sich wohl fühlt. Ausführliche Informationen auch im MARCO POLO „Nizza/Cannes/Monaco".

ANTIBES

(141 D4) *(🕮 O8)* **Antibes (74 000 Ew.), das die Griechen als Antipolis, Gegenstadt, zu Nizza gründeten, war ein Grenzposten, bis die Metropole 1860 zurück zu Frankreich kam. Das zeigen noch heute die Festungsanlagen.**

Die Stadt, zu der die Halbinsel Cap d'Antibes mit ihren Badeorten gehört, ist mit ihren Märkten und Museen das ganze Jahr über quicklebendig.

SEHENSWERTES

ALTSTADT

Noch ist ein Teil der Festungsmauern *(remparts)* erhalten, die das alte Antibes

Bild: Strandleben in Cannes

In der Heimat der Goldenen Palmen: Cannes und Antibes sind klassische Strandbäder, Grasse sorgt für schönen Duft

(Vieil Antibes) vor Übergriffen aus Nizza schützten. Die *Porte Marine* war über Jahrhunderte hinweg der einzige Zugang zum Hafen. Nur ein paar Schritte weiter, an der Place du Révèly, sind die *Chapelle du Saint-Esprit*, die *Kathedrale* und vor allem das alte *Grimaldi-Schloss*, heute Picasso-Museum, Zeugen der Vergangenheit. Eine Attraktion ist der INSIDER TIPP *überdachte Marktplatz* auf dem Cours Masséna. Die kleine *Rue du Bas-Castelet* mit den blumengeschmückten Häuschen führt durch den *Safranier*, den Freistaat in der Stadt, der seit 1966 seinen eigenen Bürgermeister hat. Vom Festungsturm *Bastion Saint-André* gelangen Sie zurück zum kleinen, windgeschützten Strand *La Gravette* am alten Hafen.

CAP D'ANTIBES ★

Luxusvillen mit prächtigen Gärten neben unscheinbaren Ferienhäuschen. Der *Pilgerweg (Chemin du Calvaire)* führt zur *Chapelle de la Garoupe (tgl. 9.30–12, 14.30–19, im Winter bis 17 Uhr)* mit ihren Votivtafeln von Seeleuten. Daneben

Von der tollen Lage des Picasso-Museums profitieren auch Skulpturen anderer Künstler

steht der *Leuchtturm Garoupe*, dessen Aussichtsplattform ein einzigartiges Panorama bietet. Mitten auf der Halbinsel versteckt sich der 4 ha große Garten *Jardin Thuret (Mo–Fr 8–18, im Winter 8.30–17.30 Uhr | kein Eintritt)*, in dem Gustave Thuret 1857 die ersten Palmen und Eukalyptusbäume der Côte d'Azur ansiedelte. Außen herum führt ein Küstenwanderweg bis zur *Villa Eilenroc (Sept.–Juni Di, Mi, Sa 9–17 Uhr | Eintritt frei)* mit schönem Park, die Charles Garnier 1867 für einen reichen Holländer entwarf. Eilenroc ist ein gutes Beispiel dafür, dass das Cap trotz Immobilienspekulation einen eigenständigen Charakter und viel Charme bewahrt.

MUSÉE PICASSO ★

Das ehemalige *Grimaldi-Schloss* war eine der vielen Stationen Pablo Picassos in Südfrankreich. 1946 bezog der Maler dort ein Atelier und vermachte 200 Gemälde, Lithografien, Zeichnungen und Keramiken dem Museum. Bestechend ist der INSIDER TIPP Saal, der Nicolas de Staël gewidmet ist. Werke von Alexander Calder, Fernand Léger, Amadeo Modigliani, Max Ernst und Hans Hartung machen das Museum zu einer bedeutenden Kunstadresse an der Côte d'Azur. Auf der Terrasse stehen Skulpturen von Germaine Richier, Arman sowie Anne und Patrick Poirier. *Tgl. 10–12 und 14–18, im Hochsommer Di–So 10–18, Juli/Aug. Mi und Fr bis 20 Uhr | 6 Euro | Place Mariejol*

ESSEN & TRINKEN

LE PROVENÇAL

Schickes Bistrot 100 m vom Strand mit großer sonniger Terrasse im Süden der Altstadt. Provenzalische Küche zum guten Preis-Leistungs-Verhältnis und köstliche Desserts von Pâtissier David Orhant. *So geschl., Hochsommer Mo–Sa ganztags, sonst Mo–Sa nur mittags geöffnet | 24, Blvd. Maréchal Leclerc | Tel. 04 93 63 00 00 | www.provencal-brasserie.com |* €€

LE SAFRANIER

Provenzalische Spezialitäten wie *petits farcis* und Fischgerichte auf der Terrasse im Safranier-Viertel. *Mo, Di geschl. | 1, Place du Safranier | Tel. 04 93 34 80 50 | lesafranier.com* | €€

STRÄNDE & FREIZEIT

Rund ums Cap d'Antibes gibt es schöne Badebuchten, die wichtigsten Strände liegen bei Juan-les-Pins. Das *Institut Thalazur (770, Chemin des Moyennes Bréguières | Tel. 04 92 91 82 02 | www.thalazur.fr)* in Antibes, eins der größten Zentren für Thalassotherapie der Küste, bietet auch Behandlungen mit Biokosmetik.

AM ABEND

Antibes und Juan-les-Pins haben viele Cafés und Bars, die im Sommer bis spät in die Nacht geöffnet sind. Einer der größten Vergnügungstempel ist *La Siesta (im Sommer tgl. 10–4 Uhr | 2000, Route du bord de mer | Richtung Nizza)* mit Kasino und mehreren Tanzflächen.

ÜBERNACHTEN

LA BASTIDE DU BOSQUET

Gästezimmer in einer Villa aus dem 18. Jh., in der schon Guy de Maupassant seine Ferien verbrachte. *4 Zi. | 14, Chemin des Sables | Tel. 04 93 67 32 29 | Zi. von Mai–Mitte Okt., sonst wird das ganze Haus wochenweise vermietet | www.lebosquet06.com* | €€€

LA JABOTTE

Nur 60 m vom Salis-Strand des Cap d'Antibes entfernt, ein kleines, hübsch dekoriertes Haus. *10 Zi. | 13, Av. Max Maurey | Tel. 04 93 61 45 89 | www.jabotte.com* | €€–€€€

LE RELAIS DU POSTILLON

Am Rand der Fußgängerzone in der Altstadt kleine, aber saubere Zimmer. *16 Zi. | 8, Rue Championnet | Tel. 04 93 34 20 77 | www.relaisdupostillon.com* | €€

AUSKUNFT

11 pl. de Gaulle | Tel. 04 92 90 53 00 | www.antibesjuanlespins.com

ZIEL IN DER UMGEBUNG

JUAN-LES-PINS (141 D4) *(08)*

Das Dorf im Sumpfgebiet am westlichen Ende des Cap d'Antibes wurde im 19. Jh. von Briten zum Seebad ausgebaut. Vor dem Zweiten Weltkrieg ein Tummelplatz für reiche Amerikaner, die den Jazz nach Europa brachten, ist Juan-les-Pins nach

MARCO POLO HIGHLIGHTS

★ Cap d'Antibes
Luxuspaläste und ein botanischer Garten auf der Halbinsel → S. 55

★ Musée Picasso
Gemälde, Skulpturen und Keramiken in Antibes → S. 56

★ Boulevard de la Croisette
Cannes' Antwort auf Nizzas Promenade des Anglais → S. 58

★ Iles de Lérins
Liköre und ein Meeresmuseum auf den Inseln vor Cannes → S. 61

★ Vallauris-Golfe-Juan
Picassos „Mann mit Schaf" und mehr → S. 63

★ Grasse
Schnuppern ohne Ende in der Welthauptstadt des Parfums → S. 63

1945 zum Zentrum des Swings geworden. Seit 1959 wird hier das Jazzfestival *Pinède Gould* veranstaltet. Die Stadt ist mittlerweile mit Antibes zusammengewachsen. Auskunft: *51, Blvd. Charles Guillaumont | Tel. 04 97 23 11 10 | www.antibesjuanlespins.com*

CANNES

KARTE IM HINTEREN UMSCHLAG (140–141 C–D 4–5) *(N8)* **Die Römer nannten den Ort Canoïs, also Schilfhafen. Das Fischerdorf Canoïs in der Bucht mit Sandstränden wurde 1834 von Henry Brougham entdeckt.**

Der britische Lord wollte eigentlich mit seiner kranken Tochter Eleonore nach Nizza, verliebte sich aber in den stillen Flecken und kam bis zu seinem Tod 1868 jedes Jahr. Sein Beispiel machte Schule. Heute ist Cannes (73 000 Ew.) mit dem kleinen historischen Zentrum, dem Prachtboulevard La Croisette, den Hotelpalästen und vor allem den internationalen Festspielen neben Nizza das Aushängeschild der Côte d'Azur.

WOHIN ZUERST?
Boulevard de la Croisette: Die Prachtstraße am Mittelmeerufer ist Ausgangspunkt für alle Spaziergänge in Cannes, sei es im Altstadtviertel Le Suquet oder am Festivalgebäude entlang des Meers. Die Tiefgarage **Parc du Palais** *(1, Blvd. de la Croisette | max. Höhe 1,80 m!)* ist die beste Anlaufstelle; in der Innenstadt sind Parkplätze Mangelware.

SEHENSWERTES

BOULEVARD DE LA CROISETTE ★

Das Gegenstück zur Promenade des Anglais in Nizza und wie sie bestückt mit Palmen, Palästen, Luxusgeschäften und Sonnenschirmen am Sandstrand in einer weiten Bucht. Am westlichen Ende vor dem Hafen das *Festspielhaus (Palais des Festivals et des Congrès)*, ein 1983 eingeweihtes Betongebäude, in dem nicht nur im Mai die Filmfestspiele, sondern das ganze Jahr über Messen wie die Midem (für Musik) oder Miptv (für Fernsehen) organisiert werden. Gut 200 Filmstars haben ihre Handabdrücke in Betonplatten auf der *Allée des Stars* verewigt, der rote Teppich auf der Treppe zum „Bunker", wie die Einheimischen von Cannes das Gebäude respektlos nennen, ist das ganze Jahr über ausgelegt. Sehenswert sind die Fassaden der Hotelpaläste *Majestic, Carlton* und *Martinez*.

LE SUQUET

Das historische Zentrum von Cannes am Fuß des Mont Chevalier besteht aus nicht einmal zehn Straßen, die von der Rue Saint-Antoine hinauf zum *Kastell* führen. In diesem ist heute die archäologische Sammlung der Mönche von den Iles de Lérins untergebracht: *Musée de la Castre (Sept.–Mai Di–So 10–13, 14–18, sonst 10–13, 15–19 Uhr | 6 Euro | Wechselausstellungen im Sommer)*.

ESSEN & TRINKEN

LE 360°

Das Restaurant auf der Terrasse des *Radisson Blu 1835 (134 Zi. | 1, Blvd. Jean Hibert | Tel. 04 92 99 73 00 | www.radissonblu.com | €€€)* am Hafen bietet den schönsten Blick auf Cannes, das Meer und die Lérins-Inseln. Trotz Luxuslage vergleichsweise moderate Preise für klassisch mediterrane Küche. *Tel. 04 92 99 73 20* | €€€

INSIDER TIPP **LE BISTROT GOURMAND**
Gleich neben der Markthalle von Forville nutzt Guillaume Arragon das frische Angebot der Saison, um gute regionale Küche auf den Tisch zu bringen. *So–Abend, Mo geschl. | 10, Rue du Docteur P. Gazagnaire | Tel. 04 81 69 02 36 | www.bistrotgourmandcannes.fr | €–€€*

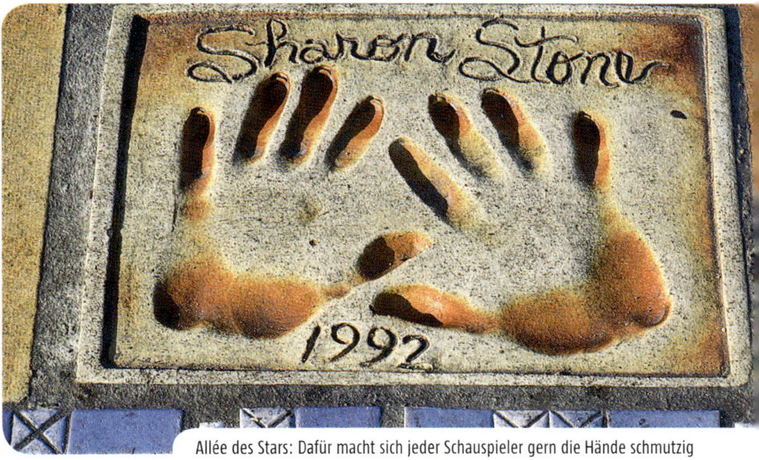

Allée des Stars: Dafür macht sich jeder Schauspieler gern die Hände schmutzig

AUX BONS ENFANTS
Kleines, 1935 gegründetes Restaurant, das zwischen Croisette und Altstadt einfache regionale Gerichte auf altmodischem Geschirr serviert und seine ältere Stammkundschaft hegt und pflegt. Bezahlt wird bar, ein Telefon gibt es nicht. *So, Mo, Dez. geschl. | 80, Rue Meynadier | www.aux-bons-enfants.com | €*

EINKAUFEN

Das Angebot erfüllt exklusive Ansprüche. In der *Rue d'Antibes* sind alle große Marken der Mode vertreten. Feinkostgeschäfte *(traiteurs)* wie die Käsehandlung *Céneri & Fils* in der *Rue Meynadier* in der Fußgängerzone machen Appetit. Auf den *Allées de la Liberté* am Hafen ist jeden Morgen Blumenmarkt, samstags und sonntags werden dort die Stände für den Trödel- und Antiquitätenmarkt aufgebaut. Feinschmecker sind in der **INSIDER TIPP** *Markthalle des Marché Forville (Di–So)* bestens aufgehoben.

STRÄNDE & SPORT

Cannes schönste Strände liegen an der Croisette. Außer Badeplätzen großer Hotels gibt es auch öffentlich zugängliche Abschnitte. *Les Thermes Marins (47, Rue Georges Clémenceau | Tel. 04 92 99 50 10 | www.lesthermesmarins-cannes.com)*, ein modernes Zentrum für Thalassotherapie, hat auf 2700 m² Fläche im *Radisson Blu 1835* am alten Hafen mit direktem Zugang zum Meer eröffnet. Für Wassersport vom Wasserski über Tretboot und Surfen bis zum Gleitschirmfliegen ist der *Majestic Ski Club (Blvd. de la Croisette | gegenüber vom Hotel Majestic | Tel. 04 92 98 77 47)* zuständig.

So wichtig wie der Strand am Tag ist Cannes' Clubleben für die Nacht

AM ABEND

Neben den Spielkasinos im Festspielhaus und im Palm Beach auf der Pointe de la Croisette gibt es für junge Leute und den Jetset Diskos und Clubs aller Kategorien. Die Palette reicht von *Le Bâoli (in der Hochsaison tgl. | Port Pierre Canto | Blvd. de la Croisette)* bis zum *Vogue (Di–So ab 22 Uhr | 20, Rue du Suquet)*.

ÜBERNACHTEN

3,14

Designhotel, das auf jeder Etage einem anderen Kontinent huldigt, mit Dachterrassen-Pool, Wellnessbereich und Biorestaurant. *96 Zi. und Suiten | 5, Rue François Einesy | Tel. 04 92 99 72 00 | www.314cannes.com* | €€€

ALBERT I

Kleines Haus mit Oleanderbüschen auf der Terrasse. Nur 10 Minuten Fußweg von der Croisette. Parkplatz gratis. *12 Zi. | 68, Av. de Grasse | Tel. 04 93 39 24 04 | www.hotel-albert1er-cannes.com* | €€

LE FLORIAN

Ein familiäres Hotel in einer ruhigen Straße nur 100 m von der Croisette entfernt mit einfachen, aber sehr sauber gehaltenen Zimmern, die zum Teil einen Balkon haben, auf dem das Frühstück serviert wird. *20 Zi. | Dez. geschl. | 8, Rue du Commandant André | Tel. 04 93 39 24 82 | www.hotel-leflorian.com* | €€

AUSKUNFT

Palais des Festivals | 1, Blvd. de la Croisette | Tel. 04 92 99 84 22 | www.cannes-destination.fr

ZIELE IN DER UMGEBUNG

LE CANNET (140–141 C–D4) (*N8*)

Das Städtchen (42 000 Ew.) auf den sieben Hügeln hat sich der 1867 in der Nähe von Paris geborene Maler Pierre Bonnard 1926 als Domizil ausgesucht und bis zu seinem Tod 1947 in der *Villa Le Bosquet* seine fruchtbarste Schaffensphase erlebt. Die Gemeinde, deren Markung im Norden direkt an Cannes grenzt, hat als Hommage an den Künstler ein ehemaliges Hotel und Polizeikommissariat von 1908 gekauft und zum INSIDER TIPP *Musée Bonnard* *(Di–So 10–20 Uhr | 7 Euro | 16, Blvd. Sadi Carnot | www.museebonnard.fr)* umgebaut. 2003 wurden die ersten Bilder Pierre Bonnards für das Museum gekauft. Das Haus setzt auf Wechselausstellungen mit Vertretern der Postimpressionisten. Ein *Entdeckungspfad* auf den Spuren des Malers eröffnet in ca. 2 Std. am *Canal de la Siagne* Ausblicke auf Cannes, die Lérins-Inseln und das Esterel-Gebirge. Auskunft: *Maison du Tourisme | Pl. Benidorm | www.lecannet-tourisme.fr*

ILES DE LÉRINS ★ (141 D5) (*M N8*)

Weil die Lage auf dem Festland zu unsicher war, gründete der hl. Honoratius 410 ein Kloster auf der Lerinischen Insel ● *Saint-Honorat* vor Cannes. Das Eiland blieb im 5. und 6. Jh. eine christliche Hochburg, wurde aber schließlich geplündert und zerstört. Seit 1869 leben wieder Zisterziensermönche auf der Insel, die tagsüber für Besucher geöffnet ist (nur ein Lokal, eigenen Proviant und Trinkwasser mitnehmen). Berühmt sind die von den Mönchen produzierten Weine und der Kräuterlikör *(lerina)*. Ein herrlicher Spaziergang (ca. 2 Std.) führt zum Wehrturm an der Südspitze. Überfahrt täglich vom Quai Max Laubeuf in Cannes. *Société Planaria (15,50 Euro | Tel. 04 92 98 71 38 | www.abbayedelerins.com)*. Größer als Saint-Honorat ist *Sainte-Marguerite* mit *botanischem Lehrpfad (Circuit Botanique et Naturaliste)* und dem *Meeresmuseum (Musée de la Mer) (April–Sept. Di–So 10.30–13.15, 14.15–17.45, Winter Di–So 10.30–13.15, 14.15–16.45 Uhr | 6 Euro)* mit archäologischer Sammlung und Nautikobjekten. Berühmt ist das *Fort Royal*, weil es im 17. Jh. den „Mann mit der eisernen Maske", dessen Identität nie geklärt wurde, als Gefangenen beherbergte. Auf der Insel gibt es einige (relativ teure) Restaurants, aber keine Übernachtungsmöglichkeit. Überfahrt (15 Min.) tgl. vom Hafen in Cannes. *Trans Côte d'Azur (13 Euro | Tel. 04 92 98 71 30 | www.trans-cote-azur.com)*

MANDELIEU-LA-NAPOULE
(140 C4–5) (*M M–N8*)

Im Westen von Cannes nimmt die *Corniche d'Or* ihren Anfang, die im Jahr 1903 angelegte Küstenstraße nach Saint-Raphaël. Auf ihr erreicht man nach etwa 6 km Napoule, das zu Mandelieu (21 000 Ew.) gehört. Napoule liegt am Fuß des Tanneron-Gebirges, in dem im Februar die Mimosen blühen.

Sehenswert im großen Yachthafen (2000 Plätze für Segelboote) ist das *Schloss* mit schönem Garten, das der amerikanische Bildhauer Henry Clews (1876–1937) im Mittelalterstil wieder aufbaute. In dem

LOW BUDG€T

Das einfache Hotel *Le Chanteclair (Dez. geschl. | 12, Rue Forville | Tel. 04 93 39 68 88 | www.hotelchanteclair.fr)* gleich neben dem Markt von Forville in Cannes hat einen ruhigen Innenhof, in dem das Frühstück serviert wird. Die 15 Zimmer sind klein, aber sauber.

Seit das ● *Fotografie-Museum (Di–Fr 10–13, 14–18, Sa, So 11–18 Uhr | Porte Sarrazin)* in Mougins' altem Stadttor keinen Eintritt mehr verlangt, schießen die Besucherzahlen nach oben. Es lohnt sich, die Bilder anzuschauen, die etwa David Douglas Duncan von Pablo Picasso geschossen hat.

darin untergebrachten *Henry Clews Muséum (Feb.–Anfang Nov. tgl. 10–18, Winter Sa/So 10–17, wochentags 14–17 Uhr | 6 Euro mit Führung | www.chateau-lanapoule.com)* sind im Sommer Ausstellungen amerikanischer Künstler zu sehen, die von der Clews-Stiftung ein Stipendium bekommen haben. Auskunft: *Av. Henry Clews | Tel. 04 93 49 95 31 | www.ot-mandelieu.fr*

MOUGINS (140 C4) *(N7)*

Wie aus dem Bilderbuch präsentiert sich die Altstadt mit schmucken Häuschen und lauschigen Plätzen. Mougins (20 000 Ew., 4 km nördlich) war einst größer als Cannes. Heute ist der Ferienort ein Mekka für Feinschmecker. Star der Gastroszene ist mittlerweile Serge Gouloumès im *Le Mas Candille (46 Zi. | Restaurant im Winter So–Di geschl. | Blvd. Clément Rebouffel | Tel. 04 92 28 43 43 | www.lemascandille.com | €€€)*, der wie Denis Fétisson im Restaurant *L'Amandier (48, Av. Jean-Charles Mallet | Tel. 04 93 90 91 | www.amandier.fr | €€–€€€)* Kochkurse anbietet. Weitere Restaurants im Dorf stellen sich in die Tradition von Altmeister Roger Vergé, der als Erfinder der mediterranen Küche gilt. Sehr schöne Gästezimmer gibt es im *Mas de Mougins (4 Zi. | 91, Av. Général de Gaulle | Tel. 04 93 75 77 46 | www.lemasdemougins.com | €€€)*, das üppige Frühstück wird am Pool serviert. Mougins beherbergt im *Musée d'Art Classique (tgl. 10–18, im Hochsommer bis 20 Uhr | 12 Euro | 32, Rue du Commandeur | www.mouginsmusee.com)* eine Privatsammlung mit Kunst von römischen Statuen, antiken Waffen, Klassikern wie Henri Matisse bis hin zu Zeitgenossen wie Damien Hirst. Gratis ist der Besuch im ● *Museum des Künstlers Maurice Gottlob (tgl. 10–12.30, 14–18, im Hochsommer bis 19 Uhr | 1, Place du Commandant Lamy)*, der in Paris Auguste Rodin kennenlernte, aber sich 1924 in Südfrankreich als Heimatmaler und Dichter

Bestseller: Picasso half dem Keramikhandwerk von Vallauris auf die Sprünge

niederließ. Auskunft: *18, Blvd. Courteline | Tel. 04 93 75 87 67 | www.mougins.fr*

VALLAURIS-GOLFE-JUAN ★

(141 D4) *(🕮 N8)*
Wie Kunst zum Wirtschaftsfaktor werden kann, beweist Vallauris (mit Golfe-Juan 26 000 Ew.) in den sanften Hügeln 4 km östlich im Hinterland von Cannes. Pablo Picasso belebte nach 1946 mit seinen Keramikarbeiten das traditionelle, fast verschwundene Töpfergewerbe neu und schuf 1952 in einer unscheinbaren Kapelle mit „La Guerre et la Paix" (Krieg und Frieden) eins seiner Hauptwerke: *Musée National (Mi–Mo 10–12, 14–17, im Hochsommer bis 18 Uhr | 4 Euro | www.musee-picasso-vallauris.fr)*. Das Beispiel machte Schule; Picassos Werke sind auch im *Keramikmuseum (Musée Magnelli et Musée de la Céramique) (Mi–Mo 10–12 und 14–17, im Hochsommer bis 18 Uhr | 4 Euro | im Schloss Vallauris)* zu sehen, das auch die Werke des Malers Alberto Magnelli (1888–1971) zeigt. Auskunft: *Square du 8 mai 1945 | Tel. 04 93 63 82 58 | www.vallauris-golfe-juan.com*

GRASSE

(140 C3) *(🕮 M7)* ★ **Grasse, das im Mittelalter ein Handelszentrum mit langer Gerbertradition war, ist bis heute geprägt von der Parfumindustrie (51 000 Ew.).**
Dass die sich hier so gut entwickelte, lag auch am Gerberhandwerk: Weil die Lederhandschuhe nicht besonders gut rochen, parfümierte man sie. Zutaten zur Parfumherstellung gab es in Hülle und Fülle: Die Gegend um Grasse besitzt ein für Blumen und Kräuter besonders günstiges Mikroklima. So lag es nahe, die Düfte selbst herzustellen. In den engen Gassen und unter den Arkaden der Altstadt mit zum Teil fünfgeschossigen Häusern ist der italienische Einfluss unverkennbar. Die Stadt war lange mit der Genueser Republik verbunden.

SEHENSWERTES

ALTSTADT

Ocker, Gelb, Rosa und Blau, das sind die dominierenden Farben der Häuser in Grasse. Der Spaziergang durch die Altstadt führt vom Kongresszentrum an der Place du Cours (große Tiefgarage) über die Rue Jean Ossola zur Kathedrale *Notre-Dame-du-Puy*. Das Gotteshaus, eine Mischung aus Mittelalter und Rokoko, beherbergt Gemälde von Peter Paul Rubens, ein Triptychon von Louis Bréa und das einzige Bild religiösen Inhalts von Jean-Honoré Fragonard. Über den Bischofspalast geht es hinunter zur schönen *Place aux Herbes* mit ihren bunten Häusern und hinüber zur *Place aux Aires*, einst für die Gerber reserviert, heute der Marktplatz von Grasse (tgl. Blumen- und Gemüsemarkt). Sehenswert ist dort die Fassade des *Hôtel Isnard* aus dem 18. Jh.

MUSÉE D'ART ET D'HISTOIRE DE PROVENCE

Das prächtig ausgestattete Völkerkundemuseum liegt im eleganten Palais der Marquise de Clapiers-Cabris aus dem 18. Jh. *Im Sommer tgl. 10–19, sonst Mi–Mo 10.30–17.30 Uhr | Eintritt frei | 2, Rue Mirabeau | www.museesdegrasse.com*

MUSÉE INTERNATIONAL DE LA PARFUMERIE

Die Stadtmauer aus dem 14. Jh. ist das Rückgrat des aufwendig umgebauten und komplett neu gestalteten Museums der Düfte in der Altstadt. In dem ockergelben *Hôtel de Pontèves* aus dem 17. Jh. liegt der Eingang zum Rundgang, der immer wieder durch die Stadtmauer führt und auf 3500 m² in fünf Gebäuden die Herstellungsgeschichte des Parfums mit Exponaten aus dem 50 000 Teile umfassenden Fundus und zeitgenössischer Kunst anschaulich, zum Teil multimedial und interaktiv erzählt. *Im Sommer tgl. 10–19, sonst Mi–Mo 10.30–17.30 Uhr | 4 Euro | 2, Blvd. du Jeu de Ballon | www.museesdegrasse.com*

PARFUMFABRIKEN

Die großen drei Parfumhersteller, *Fragonard (20, Blvd. Fragonard | Tel. 04 93 36 44 65 | www.fragonard.com)*, *Galimard (73, Route de Cannes | Tel. 04 93 09 20 00 | www.galimard.com)* und *Molinard (60, Blvd. Victor Hugo | Tel. 04 93 30 01 62 | www.molinard.com)*, bieten Gratisführungen *(Sommer 9–18.30, Winter 9–12.30 und 14–18 Uhr)* an, z. T. in deutscher Sprache. Profis brauchen zwei Jahre, um einen neuen Duft zu kreieren. Im *Studio des Fragrances (5, Route de Pégomas | Tel. 04 93 09 20 00)* von Galimard mischen Sie in einem zweistündigen, hoch interessanten INSIDER TIPP Workshop ein exklusives Parfum unter fachkundiger Anleitung *(auch in deutscher Sprache | ab 45 Euro)* gleich zum Mitnehmen. Die Zusammenstellung wird für eventuelle Nachbestellungen im Haus gespeichert.

ESSEN & TRINKEN

LA BASTIDE SAINT-ANTOINE

Jacques Chibois hat das Landgut mit Meerblick im Süden von Grasse zu einem Sterne-Gourmettempel ausgebaut. *Tgl. | 48, Av. Henri Dunant | Tel. 04 93 70 94 94 | www.jacques-chibois.com | €€€ | auch 16 Zi. und Suiten | €€€*

INSIDER TIPP LE CAFÉ DES MUSÉES

Wenn es um ein Mittagessen geht, ist das kleine Café mit einer Miniterrasse gleich neben dem Musée International de la Parfumerie eine sichere Bank mit

Schuften, damit andere duften: Zwei Jahre braucht ein Profi, um nur ein Parfum zu kreieren

provenzalischen Spezialitäten, frischen Salaten und Gemüsekuchen. *So und abends geschl. | 1, Rue Jean Ossole | Tel. 04 92 60 99 00* | €

EINKAUFEN

Kaufen Sie Parfum! Abgesehen von den drei großen Duftherstellern, *Fragonard, Galimard* und *Molinard*, sind auch *Guy Bouchara (14, Rue Marcel Journet)* und *Fleuron de Grasse (190, Route de Pégomas)* empfehlenswert.

ÜBERNACHTEN

INSIDER TIPP AUBERGE DU VIEUX CHÂTEAU

Hotel auf dem Panoramaplatz neben der Kirche im mittelalterlichen Dorf Cabris (500 Ew.) rund 5 km westlich von Grasse. Traumhafte Sicht auf das Meer und die Stadt. *4 Zi. | Place du Panorama | Tel. 04 93 60 50 12 | aubergeduvieuxchateau.com* | €€ | *mit hervorragendem Restaurant | Mo, Di geschl.* | €€€

MANDARINA

Das Hotel in einem ehemaligen Nonnenkloster mit herrlichem Blick von der Frühstücksterrasse und einigen Zimmern auf die Stadt und das Meer. *35 Zi. | 39, Av. Yves-Emmanuel Baudoin | Tel. 04 93 36 10 29* | €€

L'OUSTAU DE L'AGACHON

In einem Haus aus dem 17. Jh. hat der Spross einer alten Familie in Cabris ruhige Gästezimmer eingerichtet, die zum Teil einen schönen Blick auf das Esterel-Massiv bieten. *5 Zi. | Okt.–März geschl. | 14, Rue de l'Agachon | Cabris, 8 km im Osten von Grasse an der D 11 | Tel. 04 93 60 52 36 | www.cabris-chambres-hotes.com* | €

AUSKUNFT

Es gibt am Bahnhof einen P+R-Parkplatz, der tagsüber nichts kostet, wenn man den Busshuttle *Funix (1,50 Euro)* ins Stadtzentrum nutzt und das Ticket vorzeigt. *22, Cours Honoré Cresp | Tel. 04 93 36 66 66 | www.grasse.fr*

ZIEL IN DER UMGEBUNG

GOURDON (140 C2–3) *(N6)*

In atemberaubender Lage thront das alte Sarazenendorf (400 Ew.) rund 15 km nordöstlich 758 m über dem Loup auf einem Felsvorsprung. Die Festung, im 13. und 17. Jh. gebaut, ist in Privatbesitz und nicht zu besichtigen. Das Felsendorf ist ein Kunsthandwerkszentrum und beherbergt die *Boutique La Source Parfumée (Rue principale | Tel. 04 93 09 68 23 | www.galimard.com)* der Parfumfabrik Galimard. Auskunft: *1, Place Victoria | Tel. 08 11 81 10 67 | www.gourdon06.fr*

DIE WESTLICHE KÜSTE

Entlang eines schmalen Küstenstreifens, der von Toulon bis nach Saint-Raphaël reicht, liegen gleich Dutzende von Badeorten wie an einer Perlenschnur aufgereiht. Bis an das blaue Meer reichen hier die Vorgebirgsketten, das Massif des Maures mit seinen Kastanien-, Eichen- und Kiefernwäldern und das Massif de l'Esterel mit seinen leuchtend roten Felsen.

Die westliche Küste der Côte d'Azur hat ihren Aufschwung dem Massentourismus zu verdanken. Mit allen Sonnen- und Schattenseiten: einer sehr guten Infrastruktur an Hotels und Restaurants, aber auch Verkehrsstaus im Sommer und einer Zersiedelung der Landschaft, die längst nicht mehr auf die Küste beschränkt ist.

FRÉJUS/ SAINT-RAPHAËL

(140 A–B6) (*🕮 L–M9*) **Die beiden Römerstädte Fréjus und Saint-Raphaël zwischen den Gebirgsketten von Esterel und Maures an der Mündung des Argens-Flusses sind heute zusammengewachsen und haben mit knapp 86 000 Einwohnern die Größe von etablierten Seebädern wie Cannes erreicht.**

Saint-Raphaël stand immer im Schatten von Fréjus (52 000 Ew.), zu Römerzeiten ein wichtiger Hafen und im Mittelalter ein blühender Bischofssitz. Seit

 Bild: Blick auf Saint-Tropez

Blaues Meer, rote Felsen, grüne Berge: Trubel und Wasserfreuden an der Küste, erholsame Ruhe im Vorgebirge

dem Zweiten Weltkrieg setzen beide Städte mit einer breiten Palette an Freizeitaktivitäten auf den Tourismus. Vor allem im Sommer verlagert sich das Leben von den historischen Zentren an die architektonisch allerdings nicht sehr schönen Strandpromenaden.

SEHENSWERTES

ARÈNES DE FRÉJUS

Die Ruinen der alten Römerstadt liegen übers ganze Stadtgebiet verteilt. Besonders gut erhalten ist das Amphitheater, das im Sommer bei Stierkämpfen *(corrida)* oder Popkonzerten 10 000 Zuschauern Platz bietet. *Di–So 9.30–12.30, 14–18, im Winter Di, Mi, Fr, Sa 9.30–12, 14–16.30 Uhr | 2 Euro*

GROUPE EPISCOPAL ★

Direkt in der mittelalterlichen Stadt ist das Domviertel von Fréjus ein schönes Beispiel für die provenzalische Frühgotik. Die Fundamente der *Taufkapelle (Baptistère)* stammen aus dem 5. Jh.

Nicht nur in Monte-Carlo rollt die Kugel: Grand Casino in Saint-Raphaël

und zählen zu den ältesten Kirchenbauten Frankreichs. Die *Kathedrale* aus dem 12. Jh., beherbergt ein Altarbild der Sainte-Marguerite von Jacques Durandi. Sehenswert: der doppelstöckig gebaute *Kreuzgang (Cloître)* mit Garten und Brunnen. Im *Bischofspalast* residiert heute die Stadtverwaltung. *Mitte Mai–Mitte Aug. tgl. 9–18.30, sonst Di–So 9–12, 14–17 Uhr | 5,50 Euro | 58, Rue de Fleury*

ESSEN & TRINKEN

BRASSERIE TRADITION ET GOURMANDISE

Mitten im Zentrum ein Restaurant, das vor allem mittags preisgünstige provenzalische Küche auf einer hübschen Terrasse anbietet. *So geschl. | 6, Av. de Valescure | Saint-Raphaël | Tel. 04 94 95 25 00 | www.labrasserietg.fr | €–€€*

LE MÉROU ARDENT

Wie der Name vermuten lässt, gibt es im „Feurigen Zackenbarsch", einem netten Restaurant mit großer Terrasse am Strand von Fréjus, hauptsächlich Fisch nach klassischen Rezepten. *Hochsommer Sa-, Mo- und Do-Mittag geschl., sonst Mi, Do geschl. | 157, Blvd. la Libération | Tel. 04 94 17 30 58 | €€*

EINKAUFEN

Der große *Markt* mit Lebensmitteln, Kleidern, Antiquitäten und Krimskrams sonntags auf den *Boulevards d'Alger* und *de la Libération* in Fréjus zieht das ganze Umland an; Mi und Sa gibt es zudem einen kleinen *Markt* im historischen Zentrum. Saint-Raphaël hält seinen *Lebensmittelmarkt* Di–So auf der *Place de la République* und der *Place Victor Hugo* ab, der *Fischmarkt* ist tgl. ab 7.30 Uhr bis mittags im alten Hafen geöffnet.

STRÄNDE & SPORT

Fréjus und Saint-Raphaël haben kilometerlange Strände. In Fréjus' neuem Hafen

gibt es das internationale Tauchzentrum *CIP de Port-Fréjus (April–Dez. | Aire de carénage | Tel. 04 94 52 34 99 | cip-frejus.com)*, das Tauchtaufen und Ausflüge organisiert.
Auf einem Ex-Militärgelände hat die Stadt Fréjus einen 80 ha großen Park, die *Base Nature (im Hochsommer tgl. 8–20, sonst 14–18 Uhr | gratis | Blvd. de la Mer)*, direkt am Meer mit im Sommer überwachtem Strand, Rad- und Wanderwegen, Skatepark und Kinderspielplätzen angelegt. Im Feriendorf Cap Esterel öffnet das Wellnesszentrum *Esterel Forme (Agay | Tel. 04 94 82 52 34 | www.esterel-forme.com)* auch für externe Gäste Bäder, Hamam und Massageräume.

AM ABEND

Saint-Raphaël besitzt ein Spielkasino, Bars und Liveclubs wie *Coco Club* im Hafen Santa Lucia, Fréjus Diskos wie *L'Odyssée (Blvd. de la Libération)*, die im Hochsommer jeden Abend geöffnet sind.

ÜBERNACHTEN

Die besten Häuser liegen außerhalb der Zentren vor allem im schicken Stadtteil *Valescure* von Saint-Raphaël.

L'ARÉNA

Angenehmes Haus nahe den Arenen mit schönem Garten und Pool. Die Zimmer sind in provenzalischen Farben gehalten und charmant dekoriert. Das Restaurant ist eins der besten der Stadt. *39 Zi. | Nov. geschl. | 139–145, Rue du Général de Gaulle | Fréjus | Tel. 04 94 17 09 40 | www.hotel-frejus-arena.fr |* €€€

LA CHÊNERAIE

Ein herrlicher Palast der Belle Epoque aus dem Jahr 1890 mit einem großen Park in den Hügeln über Saint-Raphaël. *10 Zi. | Mitte Nov.-Anf. März geschl. | 167, Av. des Gondins | Tel. 04 94 44 48 84 | www.lacheneraie.com |* €€€

L'OASIS

Einfaches Hotel im Haus aus den 1950er-Jahren am Ende einer Sackgasse. Nur 150 m vom Strand. Parkplatz. *27 Zi. | 71, Impasse Jean-Baptiste Charcot | Fréjus | Tel. 04 94 51 50 44 | www.hotel-oasis.net |* €

MARCO POLO HIGHLIGHTS

★ **Groupe Episcopal**
Provenzalische Frühgotik in Fréjus → S. 67

★ **Massif de l'Esterel**
Farbenspiel: roter Fels, blaues Meer, grüne Kiefern → S. 70

★ **Iles d'Or**
Inseln, die ihren Namen zu Recht tragen → S. 73

★ **Corniche des Maures**
Buchten, Strände und Berge → S. 76

★ **Saint-Tropez**
Wo sich der Jetset trifft → S. 76

★ **Musée de l'Annonciade**
Pointillismus in einer Kapelle von Saint-Tropez → S. 77

★ **Port-Grimaud**
Mustergültige Feriensiedlung mit künstlichen Kanälen und Bootsparkplätzen → S. 78

★ **Ramatuelle**
Festungsdorf mit Traumstränden → S. 78

Von der Corniche d'Or bieten sich immer wieder fantastische Ausblicke in Blau-Rot-Grün

AUSKUNFT

249, Rue Jean Jaurès | Fréjus | Tel. 04 94 51 83 83 | www.frejus.fr

Mit dem Pass *Fréjus Intégral* zu 6,60 Euro haben Sie freien Eintritt zu neun historischen Stätten.

99, Quai Albert 1er | Saint-Raphaël | Tel. 04 94 19 52 52 | www.saint-raphael.com

ZIELE IN DER UMGEBUNG

CAP DU DRAMONT (140 B6) (*M9*)

An dieser Felsnase 4 km östlich beginnt die *Corniche d'Or* von Saint-Raphaël nach Cannes. Sehr schön ist die Wanderung auf dem Küstenwanderpfad vom Wassersportzentrum am Strand von Dramont mit dem Denkmal zur Erinnerung an die Landung der US-Truppen 1944 hinüber zum Leuchtturm und der kreisrunden Bucht Camp Long *(2 Std. hin und zurück)*.

MASSIF DE L'ESTEREL ★

(140 B–C 5–6) (*M8–9*)

Roter Porphyr, grüne Kiefern, türkisfarbenes Meer und blauer Himmel – die Gegend um das Massif de l'Esterel (nordöstlich von Fréjus) ist wunderschön. Tiefe Schluchten durchziehen das Gebirge mit dem 618 m hohen *Mont Vinaigre* bis ans Meer, wo die Wellen an Klippen aus Vulkangestein brechen. Die herrlichen Wanderwege zum *Pic du Cap Roux* (452 m) oder dem *Pic de l'Ours* (496 m) sind v. a. im Frühling und Herbst zu empfehlen, wenn die Macchia blüht. Auskunft: *Office de Tourisme Saint-Raphaël*

HYÈRES-LES-PALMIERS

(142 B5) (*H11–12*) **Palmen, Palmen, überall Palmen. Hyères (56 000 Ew.),**

der südlichste und älteste Badeort an der Côte d'Azur, hat die Bäume sogar in den Namen aufgenommen.

Das antike Olbia, von den Griechen am Meer gegründet, zog im Mittelalter auf einen Hügel landeinwärts. Engländer, Iren und Amerikaner entdeckten die Stadt als Ferienort im 19. Jh., die kilometerlangen Strände wurden erst im 20. Jh. angelegt. Die hübsche *Altstadt* mit Renaissancetoren und Templerordenturm *(Tour Saint-Blaise)* aus dem 13. Jh. ist durch den Flughafen vom Strandbad Hyères-Plage getrennt.

SEHENSWERTES

JARDIN OLBIUS-RIQUIER

Palmen und Kakteen, Gewächshäuser, ein Freigehege für Tiere und ein See. *Im Sommer tgl. 7.30–20, im Winter bis 17 Uhr | Eintritt frei | Av. A. Thomas*

INSIDER TIPP VILLA NOAILLES

Die Villa Noailles, Haus der Kunstfreunde Marie-Laure und Charles de Noailles, ist seit den 1920er-Jahren ein Symbol für moderne Architektur an der Küste. Man Ray drehte hier seinen ersten Film, Alberto Giacometti, Luis Buñuel und Jean Cocteau waren Gäste. Mode- und Fotofestival im April, im Sommer Wechselausstellungen *(im Hochsommer Mi–So 10–12, 16–19, sonst Mi–So 10–12, 14–17 Uhr | Montée de Noailles | www.villanoailles-hyeres.com)*. Von der Villa führt ein Fußweg auf einen Hügel zu den Ruinen des *Château d'Hyères* mit tollem Panoramablick.

ESSEN & TRINKEN

LA COLOMBE

Mediterrane Küche, im Sommer mit schöner Terrasse im Innenhof, 2,5 km westlich. *Juli/Aug. Mo, Di-Mittag, Sa-Mittag geschl., sonst Sa-Mittag, So-Abend und Mo geschl. | 663, Route de Toulon | Tel. 04 94 35 35 16 | www.restaurantlacolombe.com* | €€–€€€

LE DÉSIRÉ

Ein kleines Restaurant in der Nähe des Rathauses, das Mittelmeerküche auf schön dekorierten Tellern anbietet. *Mi, Sa-Mittag und So-Abend geschl. | 13, Rue Crivelli | Tel. 04 94 20 27 38 | www.restaurant-ledesire.com* | €–€€

DER TRAUM VOM PARADIES

„Als ich verstanden hatte, dass ich dieses Licht jeden Morgen wieder sehen würde, konnte ich mein Glück nicht fassen", sagte Henri Matisse 1917, nachdem er sich entschieden hatte, an der Côte d'Azur zu bleiben. Sein 1904 in Saint-Tropez gemaltes Bild „Luxe, calme et volupté" (Pracht, Ruhe und Sinnenlust) steht symbolisch für ein Paradies auf Erden, das zu einem Weltzentrum der modernen Kunst wurde. 25 Jahre vor ihm waren schon die großen Künstler des Impressionismus wie Pierre-Auguste Renoir, Alfred Sisley, Georges Seurat und Paul Signac der internationalen Schickeria in den neuen Garten Eden gefolgt. Sie waren die Vorgänger der Malergenerationen, die mit Pablo Picasso, Nicolas De Staël, Marc Chagall und Fernand Léger nach dem Zweiten Weltkrieg der Kunst des 20. Jhs. entscheidende Richtungen gegeben haben.

LES OMBRELLES

Ein deutscher Koch serviert an der Straße von Hyères nach Giens nur 50 m vom Strand liebevoll zubereitete provenzalische Mahlzeiten zum günstigen Preis. Mit Biergarten. *Tgl. ab 19 Uhr | Quartier de la Capte | Tel. 04 94 01 31 72 | €–€€ | auch 4 einfache Zi. | €*

AM ABEND

Außer dem Spielkasino in der Altstadt gibt es einige Diskos wie *Le Pink (Mo–Mi geschl. | 85, Av. de l'Arrogante | am Strand von La Capte)* oder *One Again (Mi, Fr–So ab Mitternacht | 494, Rue Nicéphore Niepce | am Flughafen)*.

ÜBERNACHTEN

BOR

Modern eingerichtetes Hotel am Meer mit eigenem Strand 4 km im Süden der Stadt, nur ein paar Schritte vom Port Saint-Pierre entfernt. *20 Zi. | Dez.–März geschl. | 3, Allée Emile Gérard | Tel. 04 94 58 02 73 | www.hotel-bor.com | €€€*

DOMAINE LES FOUQUES

Das Weingut mit Geflügelzucht hat sich dem biologischen Wirtschaften verschrieben und richtete mit Blick auf Meer und Porquerolles-Insel drei Ferienwohnungen mit Terrasse und Schwimmbad ein, die wochenweise *(für 4 Pers. | Juli/Aug. 675 Euro, Juni, Sept. 485 Euro, Nebensaison 360 Euro)* vermietet werden. Der Bauernhof verkauft eigene Bioprodukte. *20 Zi. | 1405, Chemin des Borrels | Tel. 04 94 65 68 19 | fouques-bio.com*

DU SOLEIL

Die Fassade des alten provenzalischen Hauses in einer kleinen Gasse der Altstadt ist malerisch mit Efeu überwuchert. Kleine, aber nett dekorierte und saubere Zimmer an der Stadtmauer am Fuß des Schlossbergs, sehr gutes Frühstück. *20 Zi. | Rue du Rempart | Tel. 04 94 65 16 26 | www.hoteldusoleil.com | €€*

AUSKUNFT

Av. de Belgique | Tel. 04 94 01 84 50 | www.hyeres-tourisme.com

ZIELE IN DER UMGEBUNG

GIENS (142 B6) *(H12)*

Zwei 4 km lange, schmale Sandstreifen *(tombolo)* verbinden die ehemalige Insel Giens mit dem Festland. Die Lagune dazwischen war bis 1996 ein Salzgarten, heute ist das Areal geschützter Lebensraum vor allem für Vögel. Das Küstenschutzamt kämpft für den Erhalt des empfindlichen ökologischen Gleichge-

LOW BUDG€T

Der *pass bateau-bus-téléphérique* kostet im *Office de Tourisme* in Toulon 6 Euro. Inbegriffen sind die Fahrt mit dem Boot quer durch die Bucht auf die Halbinsel von Saint-Mandrier, alle Buslinien in der Stadt sowie die Seilbahn hoch auf den Mont Faron.

● Für Fußgänger ist der Zugang zum Meer selbst auf der Halbinsel von Saint-Tropez und Ramatuelle frei. Im Sommer werden überall Parkgebühren fürs Auto verlangt. Eine Ausnahme ist der *Escalet*-Strand, eine Station auf dem *Küstenwanderweg* (s. S. 49), der auch in der Hochsaison zu menschenleeren Stränden führt.

wichts, das von der Erosion des westlichen Sandstreifens bedroht ist. Auf der Halbinsel liegt das Dorf Giens mit dem kleinen Hafen Port de Niel. Von der Burgruine haben Sie eine schöne Aussicht auf Inseln und Festland. Einer der schönsten Abschnitte des Küstenwanderwegs im Département Var führt vom kleinen Hafen La Madrague im Westen der Halbinsel zur Plage de l'Arbousière. Die 6,5 km bewältigen geübte Wanderer in gut 2 Std.

ILES D'OR ★

(142–143 B–E6) (*H–K12*)

Die Hyerischen oder „Goldinseln" tragen ihren Namen wegen der golden schimmernden Klippen mit Stolz – und sind im Hochsommer wegen vieler Touristen ein Opfer ihrer Schönheit. *Porquerolles, Port-Cros* und *Levant* gehören geologisch zum Massif des Maures und wurden bereits in der Antike besiedelt, zuerst von Ligurern, dann von Griechen und Römern. *Porquerolles* ist Naturschutzgebiet mit Botanikzentrum, Park und Weinbergen. Die Insel (7 km lang, 3 km breit) lässt sich gut zu Fuß (v. a. der 1,5 Std. lange Spaziergang vom Hafen zum Leuchtturm im Süden lohnt) oder mit dem Rad erobern (Radverleih im Dorf Porquerolles). Unterkunft finden Sie im *Mas du Langoustier (50 Zi. | Okt.–Mitte April geschl. | 3,5 km westl. vom Hafen | Tel. 04 94 58 30 09 | www.langoustier.com | €€€)* mit zwei Restaurants. Einer der ersten Nationalparks in Frankreich war 1963 die kaum besiedelte Insel *Port-Cros* mit 600 m breitem Küstengewässerstreifen. Der Schutz hat die Schönheit der 4 km langen und 2,5 km breiten Insel bewahrt. Schöne Wanderwege ins Tal der Einsamkeit *(Vallon de la Solitude)*, ein Pflanzenlehrpfad *(Sentier Botanique)* und der erste Unterwasserweg für Schnorchler *(Sentier Sous-Marin)* an der *Plage de la Palud*.

Schiffsverbindungen nach Porquerolles (20 Min.) werden von *La Tour Fon-*

Das Naturschutzgebiet von Porquerolles beeindruckt auch unter Wasser

due (Gare Maritime | Tel. 04 94 58 21 81 | www.tlv-tvm.com | 19,50 Euro) auf der Halbinsel Giens angeboten, nach Port-Cros vom Hafen von Hyères *(Port d'Hyères | Tel. 04 94 57 44 07 | www.tlv-tvm.com | 28,10 Euro)*. Auskunft: *Bureau d'Information de Porquerolles (Tel. 04 94 58 33 76 | www.porquerolles.com); Bureau d'Informations du Parc (Tel. 04 94 01 40 72 | www.portcrosparcnational.fr/accueil)*

MASSIF DES MAURES

(142–143 B–E 2–5) *(🕮 H–K 9–11)* **Das Massif des Maures ist eine der ältesten Gebirgsformationen der Provence und besitzt selbst heute noch ein Stück wilder Natur, das leider immer wieder von Waldbränden bedroht wird.**

Es liegt mit seinen vier Höhenzügen zwischen Hyères und Fréjus und ist geprägt von Eichen-, Kastanien- und Korkeichenwäldern. Auf dem höchsten Gipfel *(Col de Fourche*, 780 m) wird von Franziskanermönchen die Einsiedelei *Notre-Dame-des-Anges* betreut. Von hier blickt man weit über die Berge und das Meer. Der Name des Gebirgszugs bedeutet in provenzalischer Sprache „düsterer Wald".

ORTE IM MASSIF DES MAURES

BORMES-LES-MIMOSAS

(143 D5) *(🕮 J11)*

Die im Februar gelb blühenden Mimosen haben dem Dorf (7100 Ew.) 1968 seinen Beinamen gegeben. Der Ort hoch auf der ersten Kette des Massif des Maures ist mit seinen steilen Gassen, unzähligen Blumenbeeten und einer verschwenderischen Vegetation mit Eukalyptus, Oleander und Zypressen eine Augenweide. Zur Gemeinde gehören aber auch 17 km Strände rund um das knapp 10 km entfernte *Fort Brégançon*, seit 1968 offizielle Residenz der französischen Staatspräsidenten, und die *Plage de l'Estagnol (Ostern–Okt. | 8 Euro Parkgebühr)* mit weißem Sand am Kiefernwäldchen. Das Gourmetrestaurant des Dorfs betreibt Gil Renard mit *La Tonnelle (Juli/Aug. mittags, sonst Mi und Mitte Nov.–Mitte Dez. geschl. | Place Gambetta | Tel. 04 94 71 34 84 | www.la-tonnelle-bormes.com | €€)* , eine sichere Bank bleibt *Lou Portaou (im Sommer nur abends geöffnet, Mo ganz, Di–abends geschl. | 1, Cubert des Poètes | Tel. 04 94 64 86 37 | €€)* im Mittelalter-Ambiente mit einer Terrasse unter Steingewölbe. Im alten Dorf mit Weitblick aufs Meer ist das *Hôtel Bellevue (17 Zi. | 14, Place Gambetta | Tel. 04 94 71 15 15 | www.bellevuebormes.com | €)* gründlich renoviert worden *(mit Restaurant | €)*. Auskunft: *1, Place Gambetta | Tel. 04 94 01 38 38 | www.bormeslesmimosas.com*

INSIDER TIPP COLLOBRIÈRES

(142 C4) *(🕮 J10)*

Das alte Zentrum (1700 Ew.) der Korkverarbeitung inmitten herrlicher Kastanien- und Korkeichenwälder hat einen mittelalterlichen Dorfkern mit den Ruinen einer Kirche aus dem 12. Jh. Spezialität sind die *marrons glacés*, Kastanienkonfekt, das es in *Confiserie Azuréenne (Blvd. Koenig | www.confiserieazureenne.com)* gibt. Das einfache Familienhotel *Hôtel-Restaurant des Maures (10 Zi. | 19, Blvd. Lazare-Carnot | Tel. 04 94 48 07 10 | www.hoteldesmaures.fr | €)* bietet gute provenzalische Hausmacherkost. Auch im hübschen Lokal INSIDER TIPP *La Petite Fontaine (So–Abend, Mo geschl. | 1, Place de la République | Tel. 04 94 48 00 12 | €–€€)* kocht man typische Gerichte der Region.

Unbedingt reservieren. Auskunft: *Blvd. Charles Caminat | Tel. 04 94 48 04 10 | www.collobrieres-tourisme.com*

LA GARDE-FREINET (143 E3) *(K10)*
Der einstige Schlupfwinkel der Sarazenen ist heute ein hübscher Ferienort (1800 Ew.), umgeben von Korkeichen- und Kastanienwäldern. Idealer Startpunkt für Ausflüge im Massif des Maures. Schöner Blick auf das Dorf von den Ruinen der alten Burg (etwa 45 Min. zu Fuß) und dem Maurenkreuz. La Garde-Freinet ist das Tor zur Nordflanke des Massif des Maures. Auf dem Weg durch Korkeichenwälder zum *Schildkrötendorf Gonfaron* (s. S. 116) liegt 14 km westlich das INSIDER TIPP *Weingut Domaine de la Fouquette* *(4 Zi. | April–Okt. geöffnet | 1, Route de Gonfaron | Tel. 04 94 73 08 45 | domainedelafouquette.com | €)* mit Bauernhof in idyllischer Ruhe. Nach Reservierung auch Abendessen, bei dem fast ausschließlich Produkte des Hofs und eigener Wein serviert werden *(€€)*. Auskunft: *Point Infos Tourisme de La Garde-Freinet (Chapelle Saint Jean | Tel. 04 94 56 04 93 | la-garde-freinet-tourisme.fr | www.lagardefreinet-tourisme.com)*

GRIMAUD (143 E3) *(K10)*
Unterhalb der Ruine des Schlosses der Grimaldi-Fürsten (11. Jh.) mit herrlichem Ausblick können Sie eins der schönsten Dörfer im Mauren-Massiv mit schattigen Plätzen und engen Gässchen kennenlernen. Die Familie Girard hat sich in über 50 Jahren mit ihrem Restaurant *Les Santons (So-Abend, Mo, Mi geschl. | 743, Route Nationale | Tel. 04 94 43 21 02 | www.restaurant-les-santons.fr | €€€)* einen guten Ruf bei Feinschmeckern der Region erkocht. Auskunft: *15, Route départementale 558 | Tel. 04 94 55 43 83 | www.grimaud-provence.com*

Markt in Collobrières

LE LAVANDOU (143 D5) *(J11)*
Der Aufstieg des Ortes zum Touristenzentrum ist bezeichnend für die Entwicklung der Region. Als vor fast 100 Jahren der deutsche Schriftsteller Walter Hasenclever nach Le Lavandou kam, war er dort noch der einzige Fremde. Heute hat der Ort (5800 Ew.) 100 000 Urlaubsgäste, mehr als drei Dutzend Hotels, viele Campingplätze und ist begehrt wegen seiner Strände *Aiguebelle, Cap Nègre, Pramousquier, Layet* und *Rossignol*. Im Winter wird der frühere Fischerhafen von Bormes-les-Mimosas wieder zur Geisterstadt. Auskunft: *Quai Gabriel Péri | Tel. 04 94 00 40 50 | www.lelavandou.eu*

FREIZEIT & SPORT

Im Mauren-Massiv gibt es etliche Wanderwege wie den GR 90 von Collobrières zu der von Ordensschwestern bewohnten INSIDER TIPP *Kartause La Verne (Mi–Mo 11–18, im Winter 11–17 Uhr, Jan. geschl. | 6 Euro),* deren Gebäude größtenteils aus dem 17. und 18. Jh. stammen. Auch für Radfahrer sind Strecken ausgeschildert.

ZIEL IN DER UMGEBUNG

CORNICHE DES MAURES ★

(143 D–E 4–5) *(J–K11)*

Von Le Lavandou führt die D 559 mit schönen Ausblicken immer am Meer entlang östlich nach *Cavalière* und zum vorm Mistral geschützten Sandstrand zwischen der Pointe du Layet und dem Cap Nègre. Ca. 6 km weiter ist in der von einem Pariser Bankier 1910 angelegten INSIDER TIPP *Domaine du Rayol (im Sommer Di–So 9.30–12.30 u. 14.30–18.30, im Winter Di–So 9.30–12.30 u. 14–17.30 Uhr | 10,50 Euro | www.domainedurayol.org)* ein botanischer Lehrpfad durch Gärten mit Bäumen, Büschen und Kakteen aus der ganzen Welt ausgewiesen. Clou ist im Sommer der *Unterwasserlehrpfad (Sentier Sous-Marin)* in der Bucht von Le Rayol. Über den Ferienort Cavalaire-sur-Mer führt die Straße bis nach *La Croix-Valmer* mit seinem Strand *Gigaro*.

SAINT-TROPEZ

(143 F3) *(L10)* **Dieser kleine Ort steht wie ein Symbol für die ganze Côte d'Azur: ★ Saint-Tropez (5600 Ew.). Da sind seine traumhafte Lage in der geschützten Bucht, der Hafen und die Altstadt in harmonischer Architektur, ein wunderschönes Hinterland und natürlich Sandstrände in Hülle und Fülle.**

Kein Wunder, dass das Ende des 19. Jhs. noch verschlafene, zauberhafte Dörfchen von Schriftstellern wie Guy de Maupassant und Malern wie Paul Signac entdeckt wurde. Das kleine Saint-Tropez, das vom 15.–17. Jh. gar eine eigenständige Republik war, wurde im Gefolge der Pariser Schickeria und vor allem nach Roger Vadims in der Bucht von La Ponche gedrehtem Film „Und ewig lockt das Weib" mit Brigitte Bardot zum Treffpunkt des internationalen Jetsets an der Riviera. Inzwischen haben sich die Stars und ihr Gefolge längst aus den Cafés, Bars und von den Stränden Saint-Tropez' verabschiedet und treffen sich höchstens noch in exklusiven Clubs. Was im Sommer bleibt, sind Tag für Tag an die 80 000 Touristen, große Motoryachten im Hafen, gepfefferte Preise und lauter Trubel in den Diskos. Doch sind die Ferien vorbei, erwacht Saint-Tropez zu seiner alten Schönheit. Dann spielen die Einheimischen wieder in aller Ruhe ihre Partie *Pétanque* auf der *Place des Lices*.

SEHENSWERTES

ALTSTADT

Reizvoll ist der Spaziergang durch die Altstadt, zur Kirche mit ihrem Turm in kräftigen Ockerfarben, zum Marktplatz *(Place aux Herbes)* und hinauf zur Zitadelle mit schönem Blick auf das Städtchen und den Golf von Saint-Tropez.

HAFEN

Der Herz von Saint-Tropez schlägt am Meer, auch wenn im Sommer vor lauter Yachten das Wasser kaum mehr zu sehen ist. Der Hafen ist selbst außerhalb der Hochsaison Treffpunkt des internationalen Publikums, das sich auf dem roten Gestühl des *Sénéquier* niederlässt, eins der berühmtesten Cafés der Welt.

MUSÉE DE L'ANNONCIADE ★

Eines der schönsten Kunstmuseen Frankreichs liegt in einer ehemaligen Kapelle direkt am Hafen von Saint-Tropez. Zu sehen sind Meisterwerke von Paul Signac und Georges Seurat, aber auch Arbeiten von Henri Matisse, Kees van Dongen, Albert Marquet und Henri Manguin. *Mi–Mo 10–13, 14–18 Uhr | 5 Euro | 2, Rue de l'Annonciade*

ESSEN & TRINKEN

LE GIRELIER

Am Hafen erlebt die alte Fischerhütte mit Spezialitäten aus dem Meer ihren zweiten Frühling. *Nov.–Mitte März geschl. | Quai Jean Jaurès | Tel. 04 94 97 03 87 | www.legirelier.fr* | €€–€€€

LA TABLE DU MARCHÉ

Christophe Leroy, eine schillernde Figur im Jetset von Saint-Tropez, ist mit seinem Bistrot, den kleinen Häppchen, ganzen Mahlzeiten und asiatischen Spezialitäten in die Gassen zwischen Hafen und Kirche

Wenn die Dämmerung alles weichzeichnet: märchenhafte Abendstimmung im Hafen von Saint-Tropez

umgezogen. *11, Rue des Commerçants | Tel. 04 94 97 01 25 | www.christophe-leroy.com* | €–€€

VILLA BELROSE

Das Spitzenrestaurant mit Küchenchef Thierry Thiercelin liegt auf einem Hügel von Gassin mit atemberaubender Sicht auf den Golf von Saint-Tropez. *Ende Okt.–März geschl. | Blvd. des Crètes Gassin | Tel. 04 94 55 97 97 | www.villa-belrose.com |* €€€ *| auch 40 Zi. |* €€€

EINKAUFEN

In den Geschäften warten alle Luxusmarken dieser Welt. Seit 1927 gibt es in der Rue Clémenceau die *sandales tropéziennes* – ein Paar kostet rund 85 Euro. Süße Spezialität ist die *tarte tropézienne* mit kalorienreicher Creme, die Sie im gleichnamigen Geschäft *(Place des Lices)* erstehen können.

STRÄNDE & SPORT

Legendäre Sandstrände wie Pampelonne mit berühmten Bars sind auf dem Gebiet von *Ramatuelle* zu finden.

AM ABEND

Nirgendwo sonst in Frankreich gibt es, gemessen an der Einwohnerzahl, so viele Diskos und Clubs. Treffpunkt für Jetset, Stars und Models sind *Les Caves du Roy (Av. Maréchal Foch)* im Hotel Le Byblos.

ÜBERNACHTEN

LOU CAGNARD

Nur ein paar Schritte vom Hafen und von der Place des Lices entfernt liegt dieses provenzalische Haus mit kleinem Garten und einem hundertjährigen Feigenbaum. Im Hochsommer ist die Mindestzeit für einen Aufenthalt eine Woche. *19 Zi. | Nov.–Feb. geschl. | 18, Av. Paul Roussel | Tel. 04 94 97 04 24 | www.hotel-lou-cagnard.com |* €€

LA PONCHE

Das Luxushotel mit viel Charme liegt im Fischerviertel mit Blick auf die Bucht. Gutes, relativ preiswertes Restaurant *(€€)*. *18 Zi. | Nov.–Mitte Febr. geschl. | Port des Pêcheurs | Tel. 04 94 97 02 53 | www.laponche.com |* €€€

AUSKUNFT

Quai Jean Jaurès | Tel. 08 92 68 48 28 (*) | sainttropeztourisme.com oder *Maison du Tourisme (Carrefour de la Foux | Gassin | 04 94 55 22 00 | www.golfe-saint-tropez-information.com)*

ZIELE IN DER UMGEBUNG

PORT-GRIMAUD ★

(143 E3) *(K10)*

Ein Feriendorf aus der Retorte mit Kanälen, Brücken und bunten Häusern. François Spoerry verwirklichte 1966 in einem Sumpfgebiet im Zentrum der Bucht von Saint-Tropez (ca. 6 km entfernt) ein damals heiß diskutiertes Konzept für umweltverträglichen Tourismus. Ein seltenes Beispiel dafür, wie sich Neubauten nicht unbedingt störend in die Landschaft einfügen. Und wo gibt es sonst noch kleine Häfen mit Kanälen, in denen die Bewohner ihr Boot direkt vor der Haustür parken können? Die Patina der Jahre tut dem Ort gut. Besucher müssen ihr Auto auf einem Parkplatz im Norden der Siedlung abstellen.

RAMATUELLE ★ (143 F4) *(L11)*

Mit seinen Häusern, die sich um einen Hügel winden, ist Ramatuelle (2300 Ew., 7 km entfernt) mitten auf der Halbinsel

Ramatuelle – ein typisch provenzalisches Festungsdorf

ein typisches provenzalisches Festungsdorf. Als Erinnerung an den Schauspieler Gérard Philipe (1922–59) wird jeden Sommer ein *Theaterfestival* organisiert. Zu Ramatuelle gehören die legendären *Strände* der Halbinsel wie die *Plage de Pampelonne* mit dem Urvater aller Strandclubs, dem in den 1950er-Jahren gegründeten *Club 55 (43, Blvd. Patch)*, dem *Key West Beach (Blvd. Patch)* oder dem *Nikki Beach (Route de l'Epi)*. Nur am *Strand von Escalet* im Westen gibt es im Sommer Gratisparkplätze am Meer.

Eine ruhige Alternative zu den Hotels im quirligen Saint-Tropez ist das inmitten von Weinbergen gelegene Gästehaus *Leï Souco (10 Zi. | April–Anf. Sept. | Route des Plages | D 63 | Tel. 04 94 79 80 22 | www.leisouco.com | €€–€€€)*. Schon 1969 eröffnet, gilt es als Vorreiter für die *chambres d'hôtes,* die privaten Gästezimmer.

Auf einem Hügel zwischen Ramatuelle und dem hübschen, aber ebenfalls sehr vom Tourismus geprägten Dorf *Gassin* bietet die *Aussichtsplattform* oberhalb der Mühlen *Les Moulins de Paillas* einen beeindruckenden Blick auf Meer, Halbinsel und Massif des Maures. Auskunft: *Place de l'Ormeau | Tel. 04 98 12 64 00 | www.ramatuelle-tourisme.com*

SAINTE-MAXIME (143 F3) *(L10)*

Die alte Fischersiedlung liegt Saint-Tropez gegenüber auf der anderen Seite des Golfs. Sie hat sich zu einem hübschen, das ganze Jahr über lebendigen Badeort (14 000 Ew.) entwickelt, der eine Alternative zum permanent überlaufenen und teuren Jetset-Treffpunkt ist. Wer den Dauerstau der Uferstraße nach Saint-Tropez vermeiden will, INSIDER TIPP setzt mit dem Schiff über: *Transports Maritimes MMG (April–Okt. | hin und zurück 13,50 Euro | www.bateauxverts.com)*. Auskunft: *1, Promenade Aymeric Simon-Lorière | Tel. 0 82 62 83 83 (*) | www.sainte-maxime.com*

TOULON

(142 A5) (🕮 F–G11) **Toulon, der wichtigste Militärhafen Frankreichs in einer der schönsten und größten Buchten der Küste kommt in ruhigeres Fahrwasser.** Die Hauptstadt des Départements Var (170 000 Ew.), im 2. Weltkrieg zur Hälfte zerstört und hastig wieder aufgebaut, schlitterte von einem kommunalpolitischen Skandal in den anderen. Inzwischen wird das alte Zentrum saniert. Die z. T. künstlich angelegten INSIDER TIPP *Strände von Mourillon* mit Grünanlagen, Sport- und Spielplätzen, Bars und Restaurants locken nicht nur Einheimische.

Auf der Place Victor Hugo vor Toulons Stadttheater aus dem 19. Jh.

SEHENSWERTES

ALTSTADT UND HAFEN

Die Strandpromenade am Quai Cronstadt mit ihren Restaurants und Cafés erstrahlt in neuem Glanz. Große Teile der Altstadt nördlich des Hafens sind heute Fußgängerzonen mit lauschigen Plätzen wie die *Place Raimu* mit ihren Kartenspielern aus Bronze, die *Place Victor Hugo* mit dem Theater aus dem 19. Jh., die *Place Ledeau* im Zentrum oder der *Cours Lafayette* mit provenzalischem Markt *(Di–So-Morgen)*.

MONT FARON

584 m hoch über dem Meer liegt die Spitze des Kalkfelsens mit einem grandiosen Blick über die gesamte Bucht von Toulon. Eine INSIDER TIPP Seilbahn bringt Sie vom Boulevard Amiral Vence *(Bus Nr. 40)* auf den Berg hinauf *(Mo und bei starkem Wind geschl. | 7 Euro)*. Obendrauf zeichnet ein Museum *(Di–So 10–12 und 14–17.30 Uhr | 4 Euro)* die Geschichte der Alliierten-Landung im August 1944 nach. Und es gibt dort einen Zoo *(tgl. 10–18.30, im Winter bis 17.30 Uhr | 9 Euro, Kombiticket Zoo/Seilbahn 14 Euro)*, der

CITY WOHIN ZUERST?
Hafen: Die Hafenpromenade zeigt die Schokoladenseite Toulons an der schönen Bucht. Auf der anderen Straßenseite liegt die hübsche Altstadt mit ihren Gassen und Plätzen. Das Parkhaus am Stadion und Einkaufszentrum **Mayol** *(Blvd. Dutasta | 1,90 m max. Höhe!)* ist zu Fuß von Hafen und Altstadt aus leicht zu erreichen; der eher kleine Parkplatz **Le Port** schaut direkt aufs Meer.

für die Aufzucht von Raubtieren angelegt ist.

MUSÉE D'HISTOIRE NATURELLE

Der ausgestopfte Tiger mit dem Kosenamen *Clem* ist das Symbol für das Naturkundemuseum, das den Schwerpunkt auf die Fauna der Region und die Mineralogie setzt. Clem ist im Zoo auf dem Mont Faron geboren und war lange das Maskottchen des in Toulon stationierten und inzwischen ausgemusterten Flugzeugträgers Clémenceau. *Mo–Fr 9–18 Uhr, Sa/So 11–18 Uhr | Eintritt frei | 113, Blvd. Maréchal Leclerc*

ESSEN & TRINKEN

LA PROMESSE

Das neue Feinschmecker-Restaurant der Stadt ein paar Schritte von der Place d'Armes. Valerie Costa verarbeitet in ihren Menüs ihre italienischen Wurzeln, ihre Reisen durch die ganze Welt und ihre neue Heimat am Mittelmeer. Wunderbarer Weinkeller, den Lebensgefährte Jean-Marc Bournazel managt. *So, Mo, Ende Dez.–Ende Jan. geschl. | 250, Rue Jean Jaurès | Tel. 04 94 98 79 39 | €€€ | Mittagsmenü 29 Euro*

AU SOURD

Seit über 150 Jahren eine Institution in der Altstadt von Toulon mit Fischspezialitäten. *So, Mo geschl. | 10, Rue Molière | Tel. 04 94 92 28 52 | www.ausourd.com | €€*

ÜBERNACHTEN

BONAPARTE

Am Westrand der Altstadt mit Blick auf die Place d'Armes gelegenes Haus mit gutem Komfort, aber ohne Aufzug und Klimaanlage. *22 Zi. | 16, Rue Anatole France | Tel. 04 94 93 07 51 | www.hotel-bonaparte.com | €*

GRAND HÔTEL DAUPHINÉ

Renoviertes Haus mit geschmackvoll eingerichteten Zimmern in der Fußgängerzone, 50 m vom Peiresc-Parkplatz. *55 Zi. | 10, Rue Berthelot | Tel. 04 94 92 20 28 | www.grandhoteldauphine.com | €*

AUSKUNFT

12, Place Louis Blanc | Tel. 04 94 18 53 00 | toulontourisme.com

ZIEL IN DER UMGEBUNG

LE PRADET (142 A5) (*G11*)

Die Kleinstadt (11 000 Ew.), 9 km östlich, bietet fünf schöne *Badestrände*, *Pin de Galle, Monaco, Bonnettes, Garonne* und *Oursinières*, die alle über einen Küstenwanderweg miteinander verbunden sind. An der Südspitze wurde in einer alten Kupfermine das schöne ● *Musée de la Mine de Cap-Garonne (in den frz. Schulferien tgl. 14–17, Juli/Aug. 14–17.30 Uhr, sonst Mi, Sa, So 14–17 Uhr | 6,50 Euro | www.mine-capgaronne.fr)* eingerichtet, ein Mineralkundemuseum. Auskunft: *Place du Général de Gaulle | Tel. 04 94 21 71 69 | www.lepradet-tourisme.fr*

DAS HINTERLAND

Nur ein paar Kilometer vom Meer entfernt empfängt das arrière-pays, das Hinterland der Côte d'Azur, seine Besucher voller Ruhe und Gelassenheit. Die Landschaft in den Hügeln und Bergen hat einen sehr eigentümlichen, herben Reiz, für den man sich erst öffnen muss. Fixpunkte sind die stillen Orte auf den Hügeln. Sie haben trotz der Landflucht die bäuerliche Grundstruktur behalten, aber in der behutsamen Öffnung für den Fremdenverkehr auch neue Perspektiven für sich gewonnen. Ein buntes Völkchen von Aussteigern, Kunsthandwerkern und Naturliebhabern macht die winzigen Gemeinden zumindest im Sommer wieder lebendig. Weil über Jahrzehnte hinweg kaum neu gebaut wurde, haben sich die Orte ihren ursprünglichen Charakter bewahrt; die typischen einfachen Steinhäuser werden mit Sorgfalt restauriert. Flüsse wie der Estéron, der Loup und der Verdon schufen auf dem Weg von den Alpen zur Mittelmeerküste tiefe Schluchten, die zu Sportarten wie Canyoning, Kajakfahren und Extremklettern einladen, aber auch zu ausgedehnten Wanderungen mit atemberaubenden Ausblicken.

LES ALPES MARITIMES

(136–137 A–F 1–5) (*M–Q 2–6*) **Vom Meer mit Strand und Palmen sind es keine 50 km bis zu den Seealpen (Alpes Maritimes) mit Gipfeln über 3000 m.**

Bild: Lac Long im Vallée des Merveilles

Stille Dörfer, heilige Berge und Täler voller Wunder: Im ruhigen Hinterland der Côte d'Azur schaut sogar der Wolf vorbei

Das Hochgebirge im Hinterland von Nizza und Monaco mit Flusstälern von Vésubie, Bévéra und Roya sorgt für die extremsten Kontraste an der Côte d'Azur.

ZIELE IN DEN ALPES MARITIMES

PARC NATIONAL DU MERCANTOUR
(136–137 A–F 1–3) (*M–Q 2–5*)
Dort oben, rund um den *Mont Bégo*, der mit seinen 2873 m Höhe zwar nicht der höchste Gipfel, aber der „heilige" Berg des Mercantour ist, sagen sich nicht nur Hase und Fuchs, Adler und Steinbock, sondern seit 1992 auch Wölfe gute Nacht – zur Freude der Naturschützer, aber zum Ärger der Schafhirten. Seit 1979 ist das 685 km^2 große Gebiet von Sospel im Süden, der italienischen Grenze im Norden und dem Col d'Allos im Westen Frankreichs jüngster Nationalpark, der sehr eng mit dem italienischen *Parco delle Alpi Marittime* zusammenarbeitet. Der Park hat mehr als 600 km Wanderwege ausgeschildert, es gibt ein gutes Dutzend

Barocke Pracht ist in der Pfarrkirche von Saorge zu sehen

Schutzhütten (in der Hochsaison reservieren!) in der immer noch weitgehend unberührten Landschaft. Auskunft: *Les Iris | Rue K. Serrurier | Saint-Martin-Vésubie | Tel. 04 93 03 23 15 | www.mercantour.eu*. Infos und Tourenvorschläge halten auch die *Maisons Du Parc* vor, etwa in *Saint-Etienne-de-Tinée (Quartier de l'Ardon | Tel. 04 93 02 42 27)*, *Valberg (Le Ciastel | Maison Valberganne | Tel. 04 93 02 58 23)* und *Tende (103, Av. du 16 septembre 1947 | Tel. 0 4 93 04 67 00)*.

SAORGE ★ (137 E3) (Q4)

Das Dorf mit seinen beiden Burgen, 150 m über der Schlucht Gorges de Saorge gelegen, war lange Zeit Kontrollpunkt für die Straße von Nizza nach Turin. Es steht heute unter Denkmalschutz. Die INSIDER TIPP *mittelalterlichen Häuser* – viele davon aus dem 15. Jh. –, die die kleinen Gassen säumen, sind bis zu zehn Stockwerke hoch. Die *Pfarrkirche* mit ihrem barocken Inneren erinnert an eine Säulenbasilika. Aus dem 11. Jh. stammt die Kirche *La Madone del Poggio* mit dem schlanken, sechsstöckigen Glockenturm. Im 17. Jh. wurde das *Franziskanerkloster* mit seiner inzwischen renovierten Fassade gebaut. Zwischen Dorf und Kloster liegt das Restaurant INSIDER TIPP *Lou Pountin (Di, Mi geschl. | 56, Rue Lieutenant Jean Revelli | Tel. 04 93 04 54 90 | www.loupountin.fr | €)* mit vielen Bioprodukten im kühlen Speiseraum oder auf der sonnigen Terrasse. Auskunft: *Mairie (Rathaus) (Av. Docteur Joseph Davéo | Tel. 04 93 04 51 23)*

VALLÉE DES MERVEILLES ★

(137 D–E2) (P–Q4)

Noch immer nicht gelöst ist das Rätsel der über 40 000 *Felszeichnungen* im „Tal der Wunder" am Fuß des Mont Bégo im Parc National du Mercantour. Die in den Stein geritzten Bilder, z. B. der „Hexenmeister" *(sorcier)*, sind zwar seit dem 17. Jh. bekannt, wurden aber erst im 20. Jh. systematisch erforscht. Ein Großteil der Werke soll aus der Bronzezeit zwi-

schen 2800 und 1300 v. Chr. stammen. Die Felszeichnungen abseits der großen Wanderwege wie dem GR 52 sind oft nur in Begleitung erfahrener Wanderführer zu entdecken. Auskunft bei *Association des Guides, Accompagnateurs et Amis des Alpes Méridionales (Bureau de la Haute Vésubie | Saint-Martin-Vésubie | Tel. 04 93 03 26 60)* oder beim *Parc National du Mercantour.*
Den Wundern am Mont Bégo ist das *Musée des Merveilles (Hochsommer tgl. 10–18.30, Mai, Juni, Okt. Mi–Mo 10–18.30, Winter Mi–Mo 10–17 Uhr | Eintritt frei | Av. du 16 septembre 1947 | Tende | www.museedesmerveilles.com)* mit 1000 m² Ausstellungsfläche gewidmet. Ausflüge ins Vallée des Merveilles organisiert das Hotel *Le Mirval (18 Zi. | Nov.–März geschl. | 3, Rue Vincent Ferrier | Tel. 04 93 04 63 71 | www.lemirval.com | €)* in *La Brigue,* einem Dorf, das mit dem Marktplatz vor der Stiftskirche Saint-Martin seine italienischen Ursprünge bewahrt hat. 4 km außerhalb in einem idyllischen Seitental mit Quellen, die schon in der Antike bekannt waren, ist die Kapelle INSIDER TIPP *Notre-Dame-des-Fontaines (Mai–Okt. tgl. 10–12.30, 14–17.30 Uhr | 3 Euro | www.labrigue.fr)* mit den Wandmalereien der piemontesischen Maler Giovanni Baleison und Giovanni Canavesio aus dem 15. Jh. ein Schmuckstück.

VALLÉE DE VÉSUBIE

(136 B–C4) (*05*)

Zwei Wildbäche, die nahe der italienischen Grenze auf 2500 m Höhe ihre Quellen haben, bilden bei Saint-Martin-Vésubie den Vésubie-Fluss. Nach seinem Lauf durch ein anmutiges Tal ist er ab Saint-Jean-la-Rivière in den ★ *Gorges de la Vésubie* mit Steilwänden in verschiedenen Gesteinsfarben ein besonders schönes Naturschauspiel. Von der D 2565 zweigt die kleine D 32 nach *La Madone d'Utelle* ab, einem im 9. Jh. von Seefahrern gegründeten Wallfahrtsort mit einer *Aussichtsplattform* (1174 m), von der Sie einen unvergesslichen Rundblick über Seealpen und Meer haben.

MARCO POLO HIGHLIGHTS

★ Saorge
Ein Hauch von Tibet im Tal der Roya
→ S. 84

★ Vallée des Merveilles
Tal der Wunder und Geheimnisse: Uralte Felszeichnungen im Nationalpark Mercantour → S. 84

★ Gorges de la Vésubie
Ein Fluss gräbt sich durch buntes Gestein im Hinterland von Nizza
→ S. 85

★ Gorges du Verdon
Eine der tiefsten Schluchten Europas
→ S. 87

★ Moustiers-Sainte-Marie
Fayencedorf mit dem silbernen Stern
→ S. 88

★ Musée de Préhistoire des Gorges du Verdon
Auf den Spuren der Menschheit im Museum von Quinson → S. 89

★ Abbaye du Thoronet
Meisterwerk provenzalischer Romanik
→ S. 90

★ Train des Pignes
Im legendären „Pinienzapfenzug“ mit viel Dampf über 33 Brücken
→ S. 93

CASTELLANE

(134 B5) *(🕮 K5)* **Bis ins Mittelalter hinein lebte die Stadt Castellane, die von den Römern Salinae genannt wurde, von ihren salzhaltigen Quellen.**
Nach dem Einfall der Sarazenen im 9. Jh. bauten die Einwohner zu ihrem Schutz auf dem 180 m hohen und 75 m breiten Kalkfelsen eine *Zitadelle (Petra Castellana)*. Heute ist das Städtchen (1600 Ew.) an der Route Napoléon vom Meer in die Alpen ein idealer Ausgangspunkt für Ausflüge in die Schluchten des Verdon.

SEHENSWERTES

ALTSTADT

Das Städtchen mit seinen engen Gassen hat ein paar architektonische Glanzstücke bewahrt. Von der alten Festung ist nicht mehr viel übrig. Das *Stadttor* mit seinem Uhrturm *(Tour de l'Horloge)* und der *fünfeckige Turm (Tour Pentagonale)* sind als Reste der alten Ummauerung noch geblieben.

MUSÉE SIRÈNES ET FOSSILES

Versteinerungen, die Millionen von Jahren alt sind, erzählen die Geschichte des Verdon-Tals im Museum zwischen Rathaus und Post. *Osterferien, Juli, Aug. tgl. 10–13, 15–18.30, April–Juni, Sept. Mi, Sa, So 10–13, 15–18.30 Uhr | 4 Euro | Place Marcel Sauvaire*

NOTRE-DAME-DU-ROC

Ein an der Pfarrkirche beginnender Spaziergang mit Kreuzwegstationen führt Sie auf einen imposanten, nahezu kubischen Kalkfelsen, der den Ort überragt. Obendrauf steht die Wallfahrtskapelle *Notre-Dame-du-Roc*, die zu Beginn des 18. Jhs.

Nach einem Ausflug in die Verdon-Schluchten kehrt man gern ins schöne Castellane zurück

gebaut wurde. Von dort haben Sie einen schönen Blick auf den Eingang zu den Verdon-Schluchten.

ESSEN & TRINKEN

AUBERGE DU TEILLON

Anspruchsvolles Restaurant mit regionalen Spezialitäten und schattiger Terrasse rund 6 km Richtung Grasse auf der Route Napoléon. *Dez.–Ende Feb., sonst Mo geschl. | Route Napoléon | Tel. 04 92 83 60 88 | www.auberge-teillon.com | €€ | auch 9 Zi. | €*

ÜBERNACHTEN

MA PETITE AUBERGE

Dieses Haus liegt mitten im Zentrum, bietet einen schönen Park und ein Restaurant mit Terrasse. *15 Zi. | Nov.–Ende Feb. geschl. | Blvd. de la République | Tel. 04 92 83 62 06 | www.mapetiteauberge.com | €–€€ | Restaurant €€ | Mi geschl., Juli/Aug. tgl.*

DU ROC

Das einfache, aber saubere und angenehme Haus mit Restaurant liegt zentral am großen Platz von Castellane. *10 Zi. | Nov. geschl. | 3, Place de l'Eglise | Tel. 04 92 83 62 65 | hotellerie-du-roc.com | €*

AUSKUNFT

OFFICE DE TOURISME

Rue Nationale | Tel. 04 92 83 61 14 | www.castellane.org

ZIELE IN DER UMGEBUNG

GORGES DU VERDON ★

(138–139 C–D2) (*🗺 H–J6*)

Wie ein Messer in weiche Butter hat sich der Fluss, der auf 2800 m Höhe bei Sestrière entspringt, in grauer Vorzeit durch die Kalkfelsen der Voralpen gegraben, und ist heute wohl eins der größten Naturschauspiele in ganz Europa. Bis zu 700 m fallen die Felswände zu beiden Seiten der Schlucht fast senkrecht in die Tiefe ab. Heute wird der wilde Gebirgsfluss mit seinem smaragdgrünen Wasser durch ein halbes Dutzend Stauseen gebändigt, ist aber trotzdem ein Mekka für Wanderer, Extremkletterer und Wassersportler geblieben. Zwei Panoramastraßen, die *Corniche Sublime* (im Süden) und die noch spektakulärere *Corniche des Crètes* (im Norden) eröffnen atemraubende Einblicke in die Schlucht, beispielsweise von der 800 m hohen *Falaise des Cavaliers* (zwischen Comps und Aiguines gelegen) aus.

Die Gorges du Verdon bilden mit Umland und dem auf 1000 m liegenden Dorf *La Palud-sur-Verdon* einen Parc Naturel Régional. La Palud, Zentrum des Natur-

Wildes Wasser-Abenteuer zwischen Felswänden: Rafting in den Gorges du Verdon

parks, wartet mit einem interessanten *Museum* über die Schlucht auf, dem *Maison des Gorges du Verdon (Mitte März–Mitte Nov. 10–12 und 16–18 Uhr | 4 Euro | Le Château | La Palud sur Verdon | www.lapaludsurverdon.com)*. Auskunft: *Parc Naturel Régional du Verdon (Domaine de Valx | Moustiers-Sainte-Marie | Tel. 04 92 74 68 00 | www.parcduverdon.fr)*

MONTAGNE DU CHEIRON

(135 E–F 4–5 bis 136 A–B 4–5) ***(M–O 5–6)***

Ein landschaftliches Kleinod ist die Gegend um den 1777 m hohen Gipfel des Cheiron mit wilden Flusstälern und idyllischen Bergdörfern rund 50 km im Osten von Castellane. Sehenswert sind die *Cascades aux Gorges du Loup*, die nach der Clue de Gréolières ahnen lassen, was der Fluss auf dem Weg zum Meer noch so alles anstellt: Entlang der D 3 mit Aussichtsparkplätzen zwischen Bramafan und Gourdon ist das Wasser in den Schluchten wie entfesselt. Spektakuläre Wasserfälle wie die *Cascade des Courmes* oder der *Saut du Loup* zeigen, wie tief sich der Fluss in die Felsen gegraben hat. Gréolières **(135 F5)** ***(N6)***, mit 450 Ew. Hauptort dieser Mikroregion, ist der Ausgangspunkt für Wanderungen und Canyoning in den Tälern von Loup und Estéron. Sehenswert sind Dörfer wie das sorgfältig restaurierte *Coursegoules* **(136 A5)** ***(N6)*** auf 1000 m Höhe und das 65-Seelen-Dorf *Roquestéron-Grasse* **(136 A4)** ***(N5)*** mit seiner Festungskirche *Sainte-Pétronille* (12. Jh.) mit Blick aufs Estéron-Tal. Infos über das 2012 zum regionalen Naturpark erklärte Gebiet gibt es im *Zentrum des Parc Naturel Régional des Préalpes d'Azur (1, Av. François Goby | Saint-Vallier-de-Thiey | Tel. 04 92 42 39 29 | www.pnr-prealpesdazur.fr)*.

MOUSTIERS-SAINTE-MARIE ★

(138 C1) ***(H5)***

Ein Bergdorf wie aus dem Bilderbuch. Nicht weit vom Ausgang der Verdon-

Schlucht kauert das Örtchen (700 Ew., ca. 45 km von Castellane) am Fuß zweier Felsen, zwischen denen seit dem frühen Mittelalter eine Kette mit einem silbernen Stern gespannt ist. Moustiers, einst von den Mönchen der Iles de Lérins vor Cannes besiedelt, wurde im 18. Jh. zu einem wichtigen Zentrum der Fayencekunst. Der Wirtschaftszweig erlebt nach der Krise im 19. Jh. eine Renaissance; heute produzieren wieder knapp 20 Werkstätten. Dass Moustiers inzwischen schick geworden ist, zeigt Starkoch Alain Ducasse, der hier eine Filiale eröffnet hat: *La Bastide de Moustiers (Chemin de Quinson | Tel. 04 92 70 47 47 | www.bastide-moustiers.com | €€€ | auch 12 Zi. | €€€)*. Eine sichere Bank auf dem Kirchplatz des Dorfs ist das Restaurant INSIDER TIPP *La Treille Muscate (Nov.–Jan. geschl., Juli/Aug. Mi geschl., Febr.–Okt. Mi/Do geschl. | Place de l'Église | Tel. 04 92 74 64 31 | www.restaurant-latreillemuscate.fr | €€)* mit gediegener provenzalischer Küche, aufmerksamem Service, hübschem Saal und lauschiger Terrasse. Auskunft: *Place de l'Eglise | Tel. 04 92 74 67 84 | www.moustiers.eu*

Moustiers-Sainte-Marie ist ein guter Ausgangspunkt für Ausflüge in die nahe Verdon-Schlucht, aber auch an den *Lac de Sainte-Croix*, den 1975 angelegten Stausee im Süden mit vielen Wassersportangeboten, z. B. in Sainte-Croix oder Bauduen, wo man u. a. Tretboote mieten und in die Schlucht hineinfahren kann.

QUINSON (138 A3) *(🕮 G7)*

Das kleine, typisch provenzalische Dorf (420 Ew.) am Verdon ist mit einem gekonnten Rückgriff auf die Vergangenheit in der Zukunft des Tourismus angekommen. 75 km von Castellane entfernt, am südlichen Ende des Stausees von *Sainte-Croix,* baute der renommierte britische Architekt Sir Norman Foster ein hypermodernes Museum der Vorgeschichte: Das ★ *Musée de Préhistoire des Gorges du Verdon (Frühling und Herbst Mi–Mo 10–19, Juli und Aug. tgl. 10–20 Uhr | 7 Euro | Route de Montmeyan | www.museeprehistoire.com)*.

COTIGNAC

(138 B5) *(🕮 H8)* **Unter einem 80 m hohen Tuffsteinfelsen duckt sich die Altstadt von Cotignac (2200 Ew.), das nach der großen Landflucht zu Beginn des 20. Jhs. eine neue Blüte erlebt.**

Künstler und Musiker haben die Dörfer der Region Haut-Var, auf halbem Weg zwischen A 8 und dem Stausee von Sainte-Croix, wiederentdeckt. Cotignac, einst für Gerbereien, Ölmühlen und Seidenspinnereien bekannt, ist mit seinem

LOW BUDG€T

Mitten in Moustiers richtete Maguy Caffort zwei liebevoll dekorierte Zimmer im früheren *Waschhaus (Place Clérissy | Tel. 04 92 74 61 59 | www.lelavoir.net)* ein. Im Preis von 57 bis 64 Euro für 2 oder 84 Euro für 4 Personen ist das Frühstück auf der Innenterrasse inbegriffen.

Im wunderschönen Dorf *Coursegoules* auf 1000 m Höhe im Naturpark Montagne du Cheiron betreibt Sophie Boin ihr *Bistrot de Sophie (Mi geschl. | Place Neuve | Tel. 04 93 59 11 19)*, das als *bistrot de pays (www.bistrotdepays.com)* eingestuft ist und in der Woche ein Zwei-Gänge-Menü mit Nizzaküche aus frischen Zutaten für 16 Euro serviert.

INSIDER TIPP Markt *(jeden Di | Cours Gambetta)* zum Treffpunkt geworden.

SEHENSWERTES

ALTSTADT

Ein Spaziergang führt durch die engen Gassen Cotignacs zum *Théâtre de la Verdure*, einem für Konzerte und Theateraufführungen genutzten Freilichttheater. Von der Kirche geht der Weg weiter zum *Tuffsteinfelsen*, in dem eine zweistöckige *Grotte* ausgewaschen ist. Von dort haben Sie einen schönen Ausblick auf das Dorf und die Weinberge im Tal.

ESSEN & TRINKEN

RESTAURANT DU COURS

Einheimische halten das einfache Restaurant mit großer Terrasse für die beste Küche im Dorf. Es gibt regionale Spezialitäten wie Wachtel *(caille)* und Kaninchen *(lapin)* nach Großmutterart. *Ende Dez.–Feb., Di-abends und Mi geschl. | 18, Cours Gambetta | Tel. 04 94 04 78 50 |* €

EINKAUFEN

Cotignac ist bekannt für Honig, Wein und Öl. Guten Bienenhonig gibt es bei *Ruchers du Bessillon (2, Cours Gambetta | www.lesruchersdubessillon.com)*.

ÜBERNACHTEN

DOMAINE DE NESTUBY

Auf einem Weingut etwas außerhalb des Dorfs und deshalb sehr ruhig hat die Winzerfamilie einfache, saubere und typisch provenzalisch dekorierte Gästezimmer eingerichtet. Auf dem Gelände gibt es ein herrliches Schwimmbad und eine Sauna. *4 Zi. | 4540, Route de Montfort | Tel. 04 94 04 60 02 | www.nestuby-provence.com |* €€

AUSKUNFT

Pont de la Cassole | Tel. 04 94 04 61 87 | www.la-provence-verte.net

ZIELE IN DER UMGEBUNG

ABBAYE DU THORONET ★

(138 C5) *(J9)*

Rund 20 km im Süden von Cotignac liegt die älteste der drei Zisterzienserabteien der Provence. Le Thoronet aus dem 12. Jh. ist ein Meisterwerk der provenzalischen Romanik und zeichnet sich durch äußerste Schlichtheit und Präzision aus. Nach der Französischen Revolution wurde der Bau vernachlässigt, die Abtei verfiel. Im 19. Jh. rettete sie Schriftsteller und Konservator Prosper Mérimée vor dem völligen Verfall. Seither wurde sie immer wieder restauriert. Beeindruckend sind der Kreuzgang, die Kirche und der Kapitelsaal im Klostergebäude. *April–Sept. tgl. 10–18.30, Okt.–März 10–13 u. 14–17 Uhr | 7,50 Euro | thoronet.monuments-nationaux.fr*

BARJOLS (138 A4) *(G8)*

30 Brunnen tragen zum Charme des Orts (3000 Ew., ca. 13 km westlich) bei. Lohnend ist ein Spaziergang durch die Dorfmitte mit einer Platane auf dem Rathausplatz mit 12 m Umfang. Auskunft: *Blvd. Grisolle | Tel. 04 94 77 20 01 | www.la-provence-verte.net*

COMMANDERIE DE PEYRASSOL

(142 C2) *(H9)*

Auf dem 850 ha großen Weingut ihres Mannes Philippe Austruy in Flassans-sur-Issole (30 km südlich) hat die Galeristin Valerie Bach in Weinbergen, Olivenhainen, rund um Keller und Wohnhaus über 50 Skulpturen französischer wie internationaler Künstler (u. a. Niki de Saint Phalle, Anne und Patrick Poirier, Jaume Pen-

Der massig wirkende Kreuzgang der Abbaye du Thoronet

sa, Frank Stella, Gloria Friedmann und Carsten Höller) platziert. Die ausgeschilderten Spaziergänge zur großen Kunst (bebilderter Plan am Empfang) kosten keinen Eintritt. Von Mitte April ab wird die Saison über auf Reservierung eine „table d'hôte" *(€€)* in einem mittelalterlichen Steinhaus angeboten. *Weinproben Mo–Sa um 11, 14.30 und 17 Uhr | an der DN7 | Tel. 04 94 69 71 02 | www.peyrassol.com*

INSIDER TIPP CORRENS
(138 B5) *(G8)*
Wenn der eigene Bürgermeister als Weinbauer auf biologischen Anbau setzt, ist das ein Zeichen. Correns (800 Ew., 4 km südwestlich) gilt als erstes Bio-Dorf Frankreichs und verzichtet bei der Weinproduktion auf Chemie. Auch Gemüsebauern haben nachgezogen, die Gemeinde feiert jeden Sommer ihr Bio-Festival. Vom einstigen Luxushotel eine Stufe heruntergenommen haben die Betreiber der *Auberge du Parc (Place Général de Gaulle | Tel. 04 94 59 53 52 | www.aubergedecorrens.fr | €€ | 6 Zi. | €€)*, pflegen aber weiterhin das Schwimmbad im Garten und servieren den Biowein der Gemeinde. Eine der schönsten Badegelegenheiten in freier Natur bietet der INSIDER TIPP *Vallon Sourn*, eine idyllische Schlucht mit Kletterfelsen und schattigen Bäumen im Westen des Dorfs. Auskunft: *2, Rue Cabassonne | Tel. 04 94 37 21 31 | correns.fr*

ENTRECASTEAUX (138 C5) *(H8)*
Der kleine Ort (1000 Ew., 8 km im Osten) über dem Bresque-Tal ist stolz auf sein imposantes *Schloss (Ostern–Okt. tgl. Führung 16 Uhr | 10 Euro | www.chateau-entrecasteaux.com)* aus dem 17. Jh. und den *Schlossgarten*, den Architekt André Le Nôtre anlegte. Auskunft: *Cours Gabriel Peri | Tel. 04 94 59 95 64 | www.tourisme.entrecasteaux.fr*

SALERNES (138 C4) *(H8)*
Salernes (3700 Ew.), 12 km östlich, ist seit Jahrhunderten ein Keramikzentrum. Die sechseckigen *tomettes*, die roten Fliesen, sind im ganzen Land gefragt. Unternehmer wie INSIDER TIPP *Alain Vagh (Route d'Entrecasteaux | Tel. 04 94 70 61 85 | www.alainvagh.fr)* dekorieren damit so-

gar Rennboote, Autos oder Klaviere. Das Dorf hat in einer alten Fabrik das Museum *Terra Rossa (Mi–Mo März–Nov. 10–18, im Hochsommer bis 19 Uhr | 4 Euro | Quartier des Launes | terrarossasalernes.over-blog.fr)* eingerichtet, das Geschichte und Gegenwart des Handwerks präsentiert. Auskunft: *Place Gabriel Péri | Tel. 04 94 70 69 02 | www.ville-salernes.fr*

SILLANS-LA-CASCADE
(138 B–C4) *(🕮 H8)*
Sorgfältig restauriertes Dorf mit einem *Schloss* aus dem 18. Jh., 6 km von Cotignac. Eine halbe Stunde gehen Sie auf einem neu angelegten Wanderweg zum INSIDER TIPP *Wasserfall*, wo das Flüsschen Bresque 40 m in die Tiefe stürzt. Mitten im Dorf hat die Familie Billaud das *Hôtel-Restaurant Les Pins (im Sommer Mo, im Winter Mo, Di geschl. | 1, Grande Rue | Tel. 04 94 04 63 26 | www.restaurant-lespins.com | €–€€ | auch 5 Zi. | €)* mit Kamin im Saal und schattiger Sommerterrasse übernommen und serviert provenzalische Spezialitäten.

VILLECROZE (138 C4) *(🕮 J8)*
Der mittelalterliche Kern des Dorfs (1100 Ew., 24 km östlich) wartet mit schönen *Gassen* unter Arkaden auf. Der *Park mit Wasserfall* und *Rosengarten* liegt unter einem *Tuffsteinfelsen*. *Führungen durch die Grotten Juli–Mitte Sept. 10–12, 14.30–19, Mai, Juni und Ostern 14–18 Uhr | 2,50 Euro | www.mairie-villecroze.com*

ENTREVAUX

(135 E3–4) *(🕮 M5)* **Das Städtchen Entrevaux (880 Ew.) mit der Brücke aus dem 17. Jh. gehört zu den Festungsanlagen, die noch fast im Originalzustand erhalten sind.**

Die *Zitadelle* oberhalb der mittelalterlichen Siedlung am Var wurde von Baumeister Vauban zur fast uneinnehmbaren Burg ausgebaut: Entrevaux lag bis 1860 an der Grenze zwischen Frankreich und der Grafschaft Nizza. Eine Spezialität ist die *secca*, getrocknetes Rindfleisch, ähnlich dem Bündner Fleisch.

SEHENSWERTES

Die *Zitadelle* ist mit einem halbstündigen Fußmarsch zu erreichen. Einen Besuch lohnt auch die *Kathedrale* aus dem 17. Jh. mit ihrem großen barocken Portal.

ÜBERNACHTEN

INSIDER TIPP LA MAISON DE JULIE
Großzügige, wunderschön eingerichtete Gästezimmer im geschmackvollen Haus der Familie Bolgari im Dorf Le Plan 2 km von Entrevaux. *3 Zi., 1 Apt. | Dez.–März geschl. | Place Sainte-Marguerite | Le Plan d'Entrevaux | Tel. 04 93 02 46 42 | www.maisonjulie.com | €*

AUSKUNFT

BUREAU DU TOURISME
Porte Royale | Tel. 04 93 05 46 73 | www.entrevaux.info

ZIELE IN DER UMGEBUNG

AIGLUN (135 F5) *(🕮 M5)*
Die 25 km lange Strecke zum Bergdorf Aiglun (90 Ew.) im Süden zeigt zwei der beeindruckendsten Klusen in Südfrankreich: die *Clue de Riolan* und die *Clue d'Aiglun*. Die Hauptstraße führt durch einen Torbogen des Gasthauses *Auberge du Calendal (5 Zi. | 1 Schlafsaal | Restaurant Feb., Mi abends, So außerhalb der Hochsaison geschl. | Tel. 04 93 05 82 32 | €)*.

INSIDER TIPP GORGES DE DALUIS & GORGES DU CIANS

(135 E–F 2–3) (*M–N4*)

Die *Gorges de Daluis*, 14 km nordwestlich, zeigen auf 7 km Länge die Urgewalt des Var, der sich zwischen Daluis und Guillaumes tief in leuchtend rotes Felsgestein gegraben hat. Sehenswert auf halber Strecke die Brücke *Pont de la Mariée*, von der der Legende nach eine Braut in den Tod gestürzt ist. Das Bauwerk ist Ausgangspunkt für INSIDER TIPP *Flusswanderungen* und *Canyoningtouren*, die unbedingt in Begleitung eines Führers unternommen werden sollten. Etappenort für Touren ist *Guillaumes*. Hotel-Restaurant: *Les Chaudrons (10 Zi. | Tel. 04 93 05 50 01 | €)*. Über die 1669 m hoch gelegene Skistation Valberg oder auf einem Umweg über das Felsendorf Péone sind die *Gorges du Cians* zu erreichen. Noch wilder als in der Nachbarschlucht ist die Landschaft hier; die D 28 windet sich durch ein halbes Dutzend Tunnels und öffnet immer wieder neue Aussichten auf die grandiose Natur. Informationen und Führungen durch beide Schluchten im *Maison de Pays (Puget-Théniers | RN 202 | Tel. 04 93 05 05 05 | www.provence-val-dazur.com);* Auskunft Guillaumes: *Médiathèque | 25, Place de Provence | Tel. 04 93 05 57 76 | www.pays-de-guillaumes.com*

Ein Stück Hinterland für zu Hause: In Entrevaux kauft man *secca*, getrocknetes Rindfleisch

TRAIN DES PIGNES ★

(135 D–F 3–4) (*L–N5*)

Von Mitte Mai bis Ende Okt. erlebt der „Pinienzapfenzug" wochenends eine Renaissance auf der abenteuerlichen Strecke von Nizza nach Digne. 1,5 Std. braucht die Dampflokomotive, um ihre historischen Holzwaggons von Puget-Théniers nach Annot zu befördern. Auskunft: *www.traindespignes.fr | Reservierung Gare des Chemins de Fer de la Provence (4bis, Rue Alfred Binet | Nizza | Tel. 04 97 03 80 80 | www.trainprovence.com)* oder *Gare d'Annot (hin und zurück 20 Euro | Tel. 04 92 83 20 26 | www.annot.com)*

ERLEBNISTOUREN

1 DIE CÔTE D'AZUR PERFEKT IM ÜBERBLICK

START: 1 Menton
ZIEL: 15 Toulon

Strecke:
250 km

7 Tage
reine Fahrzeit
9 Stunden

KOSTEN: 1000 Euro/Person für Benzin, Unterkunft, Essen und Schiffsgebühren
MITNEHMEN: Badesachen, Sonnenschutz

ACHTUNG: In der Hochsaison und bei Events wie der Formel 1 in Monaco oder dem Filmfestival in Cannes sind die Preise für Übernachtungen oft verdoppelt.
In der Hochsaison gibt es oft Staus und Verzögerungen auf den Küstenstraßen.

Jeder Zipfel dieser Erde hat seine eigene Schönheit. Wenn Sie Lust haben, die einzigartigen Besonderheiten dieser Region zu entdecken, wenn Sie tolle Tipps für lohnende Stopps, atemberaubende Orte, ausgewählte Restaurants oder typische Aktivitäten bekommen wollen, dann sind diese maßgeschneiderten Erlebnistouren genau das Richtige für Sie. Machen Sie sich auf den Weg und folgen Sie den Spuren der MARCO POLO Autoren – ganz bequem und mit der digitalen Routenführung, die Sie sich über den QR-Code auf S. 2/3 oder die URL in der Fußzeile zu jeder Tour downloaden können.

Mondäne Seebäder, prachtvolle Parks, außergewöhnliche Themenmuseen und Spitzengastronomie, aber auch herrliche Landschaften und mittelalterliche Dörfer, Inseln und farbenfrohe Märkte: Die Route von Menton nach Toulon bringt Ihnen alle Facetten der Côte d'Azur nah.

TAG 1

1 Menton

11 km

Bevor Sie **1 Menton → S. 37**, die Stadt an der italienischen Grenze mit ihren Palmen, den herrlichen Parks, der Barockkirche **Saint-Michel-Archange** und dem **Musée Jean Cocteau** am Meer verlassen, drehen Sie eine Runde durch die **Jugendstil-Markthalle** am Hafen. **Machen**

Bild: Aussicht auf Monaco und den Yachthafen

2 Monaco

13 km

TAG 2

3 Cap Ferrat

Sie sich dann am Meer entlang nach 2 Monaco **→ S. 32** auf. Zum Snack am Mittag steigen Sie auf die Terrasse des **Ozeanografischen Museums**, in dem Sie anschließend den ganzen Nachmittag besichtigen, was das Fürstentum für die Wissenschaft unternimmt. Versuchen Sie abends Ihr Glück im **Spielkasino** und genießen Sie danach die Drei-Sterne-Küche im **Louis XV** gleich nebenan. Und hat es mit dem großen Gewinn nicht geklappt, übernachten Sie im für Monaco noch recht günstigen **Hôtel de France**.

An der Küste entlang geht es nun zum 3 Cap Ferrat **→ S. 49** in die **Villa & Jardins Ephrussi de Rothschild**. In dem Gebäude, das 1910 im italienischen Stil gebaut wurde, finden Sie INSIDER TIPP ein kleines Café, in dem Sie sich vor dem Spaziergang durch den prachtvollen Park mit Blick aufs Meer erfrischen können. Am Spätnachmittag nehmen Sie dann Kurs auf **4 Nizza → S. 40**. Die Metropole in der Engelsbucht putzt sich in den vergangenen Jahren immer mehr als Touristenzentrum heraus. Für das Abendessen im Sommer bietet sich das **Plage Beau Rivage** direkt am Strand an, für die Übernachtung das **Hôtel Windsor** mit seinen von Künstlern gestalteten Zimmern. Besuchen Sie am nächsten Morgen unbedingt den großen **Markt** auf dem **Cours Saleya** mit seinen bunten Blumen und den farbenfrohen Lebensmitteln.

Via Cagnes-sur-Mer über die Küstenstraße neben herrlichen Sandstränden, an denen Sie ruhig mal eine Badepause einlegen können, erreichen Sie **5 Antibes → S. 54**. Mit seinem **Musée Picasso** im Grimaldi-Schloss direkt am Meer ist die Stadt ein Garant für große Kunst. Nicht alles ist hier Picasso: Die Sammlung von Hans Hartung, der große Saal, der Nicolas de Staël gewidmet ist, oder die Terrasse mit Skulpturen von Germaine Richier lohnen jede Schleife durchs Haus. Nach der Kunst flanieren Sie durch die **Altstadt**, essen im gleichnamigen **Restaurant** des Viertels **Safranier** und übernachten ein paar Schritte vom Strand im Hotel **La Jabotte**.

Bleiben Sie am Wasser und fahren Sie am nächsten Tag nach 6 Cannes → S. 58, spazieren Sie auf den Spuren der Filmstars vom **Boulevard de la Croisette** mit dem **Festivalbunker** zum kunterbunten **Marché Forville**, wo Sie in **Le Bistrot Gourmand** lecker zu Mittag essen. **Über Théoule-sur-Mer** geht es immer parallel zum blauen Mittelmeer durch rote Felsen und grüne Wälder **über die Corniche de l'Esterel** mit einer Badepause am **Strand von Camp Long** bei Agay vorbei nach **7 Saint-Raphaël → S. 66**, wo Sie in der **Brasserie Tradition et Gourmandise** speisen und im kleinen Hotel **La Chêneraie** übernachten.

Hinter 8 Sainte-Maxime → S. 79 in der Bucht von Saint-Tropez, wo Cafés wie Strand günstiger und weniger überlaufen sind als im legendären Luxusseebad gegenüber, **windet sich die Straße am nächsten Tag ins Hinterland hinauf. 9 Grimaud → S. 75** ist mit seiner Schlossruine und den Korkeichenwäldern die **Zwischenstation auf dem Weg nach 10 Collobrières → S. 74**, wo Sie sich mit süßen Kastanienspezialitäten eindecken können. **Von dort fah-**

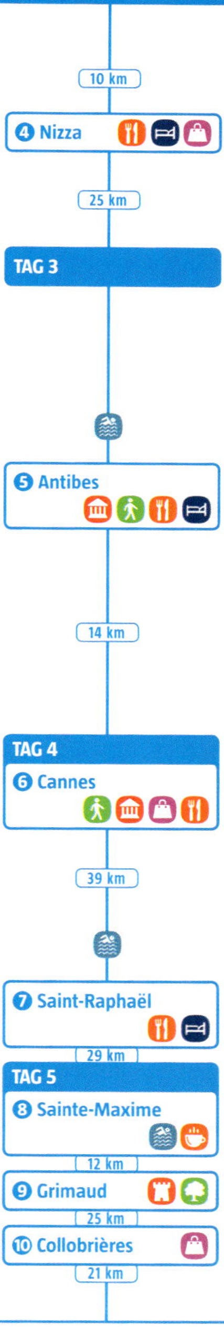

⑪ Bormes-les-Mimosas
20 km
TAG 6
⑫ Hyères-les-Palmiers
11 km
⑬ Giens
5 km
⑭ Porquerolles
31 km
TAG 7
⑮ Toulon

ren Sie weiter bis in die Mimosenwälder von ⑪ Bormes-les-Mimosas → S. 74, einem der schönsten Dörfer Frankreichs. Tauchen Sie ein in das malerische Gassengewirr. Für das Abendessen sollten Sie einen Tisch im Restaurant **Lou Portaou** reservieren. Zum Übernachten bietet sich das **Hôtel Bellevue** an.

Überlassen Sie die Strände von Le Lavandou, das einst zu Bormes-les-Mimosas gehörte, den anderen und **fahren Sie direkt nach ⑫ Hyères-les-Palmiers** → S. 70, das seine prächtigen Palmen sogar im Städtenamen führt. Bummeln Sie durch die hübsche **Altstadt**, bevor es Richtung Süden geht. Der Sandstreifen *tombolo* mit seinen Salzgärten und den bei Surfern beliebten Stränden verbindet die einstige Insel **⑬ Giens** → S. 72 mit dem Festland. Von der *Tour Fondue* fahren die Schiffe auf die Gold-Inseln → S. 73 Porquerolles, Port-Cros und Levant. Gönnen Sie sich Abendessen und Übernachtung im **Mas du Langoustier** auf **⑭ Porquerolles**, der größten der drei *Îles d'Or*.

Von der Insel kehren Sie zurück ins normale Leben. **Die Strecke von Giens über Le Pradet führt Sie in Frankreichs wichtigsten Militärhafen, ⑮ Toulon** → S. 80. Die Stadt hat ihren Ruf als graue Maus am Meer abgeschüttelt und ist mit ihrer Hafenpromenade, den Märkten in der Altstadt, Museen und Restaurants sehenswert geworden. Vergessen Sie nicht, zum Schluss Ihrer Reise mit der Seilbahn hinauf zum **Mont Faron** zu fahren, wo Sie die Bucht von Toulon in aller Pracht bewundern können.

2 IM LAND DER DÜFTE

START: ① Antibes
ZIEL: ① Antibes

Strecke:
100 km

3 Tage
reine Fahrzeit
2,5 Stunden

KOSTEN: ca. 350 Euro/Person für Übernachtungen, Essen, Eintrittspreise und Benzin
MITNEHMEN: Bequeme Schuhe für die Spaziergänge in Dörfern und Städten

ACHTUNG: Die Altstädte von Saint-Paul-de-Vence und Mougins sind für Autos gesperrt.
In Grasse lohnt es sich, sofort das zentrale Parkhaus anzusteuern.

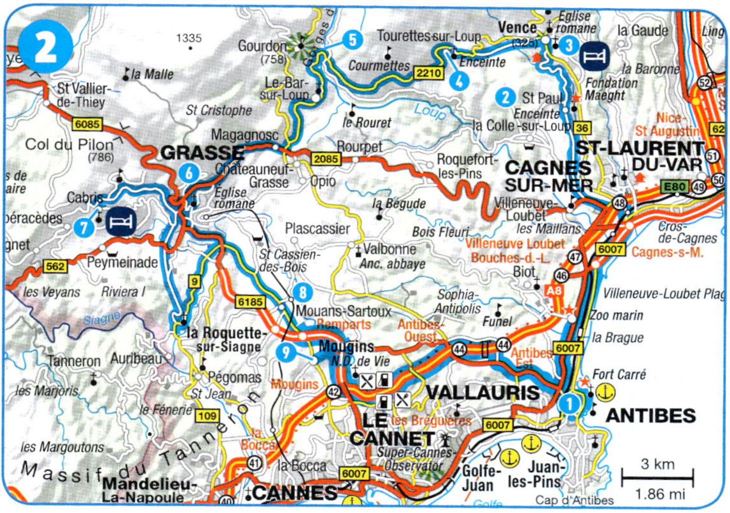

Rosen und Veilchen, Orangen und Zitronen, Ginster und Mimosen. Die Region um Grasse ist das Land der Düfte und Aromen, die Stadt selbst der Mittelpunkt einer Route, die Ihnen in drei Tagen alle Kontraste der Côte d'Azur wie unter einer Lupe bietet. Widmen Sie dieser Vielfalt all Ihre Sinne: Schnuppern Sie an Flakons, kosten Sie kandierte Pomeranzen, vertiefen Sie sich in moderne Kunstwerke und spüren Sie dabei die südliche Sonne auf der Haut.

Dieser Blick beim Start in ❶ **Antibes** → S. 54 von der Festungsmauer nahe dem Musée Picasso im alten Grimaldi-Schloss wird Sie einfach überwältigen: das blaue Meer der Engelsbucht, daneben die futuristische, pyramidenförmige Feriensiedlung Marina Baie des Anges von 1970, dann die Silhouette von Nizza und über allem die Gipfel der Seealpen.

Über Cagnes-sur-Mer geht es auf der D 2 nördlich nach ❷ **Saint-Paul-de-Vence** → S. 53 mit der **Fondation Maeght**, einem der bekanntesten Wallfahrtsorte für die Anhänger moderner Kunst. Vor der Besichtigung lohnt sich ein Spaziergang durch das Dorf mit kleinen Cafés, vielen Galerien und dem Spitzenrestaurant **La Colombe d'Or**. Bis nach ❸ **Vence** → S. 51 und zum einfachen Gasthof **La Lubiane** für die Nacht ist es nur ein Katzensprung. Machen Sie einen Einkaufsbummel durch die von hübschen Lädchen gesäumten Gassen der kleinen **Altstadt**.

TAG 1

❶ Antibes

19 km

❷ Saint-Paul-de-Vence

9 km

❸ Vence

6 km

In den Labors der Parfümerie Galimard in Grasse lehrt man Sie das kleine Duft-Einmaleins

TAG 2

4 Tourrettes-sur-Loup

8 km

5 Pont-du-Loup

12 km

6 Grasse

21 km

Von Vence aus nach Westen wird die Landschaft an der D 2210 wildromantisch. Die Route führt nach 4 Tourrettes-sur-Loup, in die Metropole der Veilchen, die eine wunderschöne **Altstadt** besitzt. Ein Halt an der von Deutschen im Jahr 1944 gesprengten Brücke über den Fluss lohnt sich anschließend in **5 Pont-du-Loup**: Die INSIDER TIPP **Confiserie Florian** *(im Sommer tgl. 9–18.30, sonst 9–12, 14–18.30 Uhr | Eintritt frei | Führung auch in deutscher Sprache | www.confiserieflorian.com)* zeigt, was geschickte Hände aus Veilchenblüten, Rosenblättern und Südfrüchten an Konfitüren, Bonbons und anderen süßen Köstlichkeiten herstellen können. Probieren dürfen Sie natürlich auch. Den Nachmittag reservieren Sie für **6 Grasse** **→ S. 63**, seit dem 17. Jh. die Welthauptstadt der Düfte. Schauen Sie sich an, was die Parfümindustrie dort aus Blumen und Kräutern zaubert. Zum Beispiel im sehens- und riechenswerten internationalen **Parfummuseum**. Sie können sich auch für einen *Workshop* bei **Galimard** **→ S. 64** einschreiben und Ihr eigenes Parfüm kreieren. Ein Menü einheimischer Spezialitäten bietet zum Abend **Le Moulin du Sault** *(Mo, Mi-Abend, So-Abend geschl. | Chemin du Vieux Moulin | Auribeau-sur-Siagne | Tel. 04 93 42 25 42 | www.moulindusault.com | €€–€€€)* in einer ehemaligen Olivenölmühle **knapp 5 km im Süden von Grasse.** Zum Übernachten fahren Sie hinauf ins Dorf **7 Cabris** mit seiner hübschen **Auberge du Vieux Château** → S. 65.

Weniger Charme als Grasse hat **8 Mouans-Sartoux auf dem Weg zurück nach Süden** zu bieten, aber das Städtchen besitzt abgesehen vom mittelalterlichen Schloss in Dreiecksform einen grell-grünen Trumpf des 21. Jhs.: Die Schweizer Künstler Sybil Albers und Gottfried Honegger haben dem Ort ihre einzigartige Sammlung konkreter Kunst mit Arbeiten von Daniel Buren, Max Bill, Joseph Beuys, Yves Klein, Imi Knoebel, Ulrich Rückriem und Georg Karl Pfahler vermacht. Dafür bauten die Zürcher Architekten Annette Gigon und Mike Guyon einen 26 m hohen, grün gestrichenen INSIDER TIPP **Museumsturm (Espace de l'Art Concret)** *(Château de Mouans | Mi–So 11–18, im Hochsommer tgl. 11–19 Uhr | Eintritt 7 Euro | www.espacedelartconcret.fr)*. Nur ein paar Kilometer weiter liegt das Bilderbuchstädtchen **9 Mougins** → S. 62, das mit seiner Mischung aus Golfplätzen, Galerien und dem Pablo Picasso gewidmeten **Fotografie-Museum** → S. 61 zu einem Halt verführt. Den exquisiten Schlusspunkt der Tour setzt ein Menü im Restaurant **L'Amandier** in Mougins, wo Ihr Gaumen ein letztes Mal in den Aromen des Südens schwelgen darf. **Über die D 35 führt Sie der Weg aus dem Land der Düfte und der Feinschmecker schließlich zurück nach 1 Antibes** → S. 54 ans Meer.

7 Cabris
13 km
TAG 3
8 Mouans-Sartoux
4 km
9 Mougins
15 km
1 Antibes

3 KÜSTENWANDERUNG AUF DER HALBINSEL VON SAINT-TROPEZ

START: 1 Plage de Gigaro
ZIEL: 1 Plage de Gigaro

Strecke: 14 km
leicht
Höhenmeter: 250 m

ca. 6 Stunden
reine Gehzeit
4 Stunden

KOSTEN: ca. 25 Euro/Person für Parkgebühren und Picknick
MITNEHMEN: ordentliches Schuhwerk, Badesachen, Sonnenschutz, ausreichend Wasser und Verpflegung

ACHTUNG: Der Weg geht zum Teil über Stock und Stein sowie glatte Felsen.
Weil der Pfad vor allem im Winter oft von schweren Brechern beschädigt wird, vorher im Tourismusbüro den Zustand erfragen.

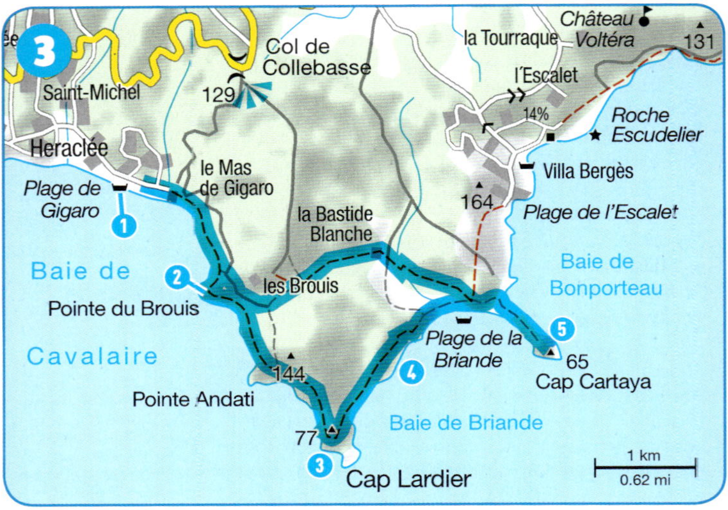

Ein Bad auf der Halbinsel von Saint-Tropez an einem menschenleeren Strand mitten im Hochsommer? Der *sentier littoral* → S. 49, der gelb markierte, insgesamt 19 km lange Küstenwanderweg von Cavalaire zum Cap Camarat, macht es möglich und ist zu allen Jahreszeiten ein Erlebnis. Die Wanderung über die ganze Strecke ist an einem Tag kaum zu schaffen. Aber das Teilstück von der Plage de Gigaro in La-Croix-Valmer zum Cap Taillat bewältigen Sie, inklusive Badepausen, hin und zurück in 6 Stunden.

Der Küstenpfad ist eine Errungenschaft des 1975 gegründeten *Conservatoire du Littoral*, der sich nicht nur vehement der Zersiedlung der Küste entgegenstellt, sondern sich auch um den Schutz von Fauna und Flora kümmert und bei Bedarf den Wanderweg repariert, der zuweilen von außergewöhnlich hohen Wellen beschädigt wird. **Ausgangspunkt für den Wanderweg mit Blick auf Himmel und Meer ist die ❶ Plage de Gigaro**, an der Sie auch im Hochsommer mit etwas Glück noch (kostenpflichtige) Parkplätze bekommen. Der 290 ha große Küstenstreifen vom Mas du Gigaro bis zur Halbinsel Cap Taillat ist ein öffentlich zugängliches Schutzgebiet. Der Felsen mit den Aleppokiefern- und Korkeichenwäldern ist ein Nistplatz für Schwarzdrosseln, Grünspechte, Spatzen oder Seemöwen.

❶ Plage de Gigaro

1,6 km

❷ Pointe du Brouis

Auf dem bequemen Weg von der Plage de Gigaro zur ❷ Pointe du Brouis merken Sie schon, wie innerhalb von einer halben Stunde die Handtücher am Strand immer weniger werden. Gleich in der nächsten Bucht sind Sie fast schon allein und können in aller Ruhe picknicken und das erste Bad im klaren Wasser nehmen. Frisch gestärkt machen Sie sich auf den mustergültig ausgeschilderten Weg im Schatten von Bäumen mit dem Duft von würzigen Kräutern am Leuchtturm vorbei **hinauf zum ❸ Cap Lardier**. Dort, von der Südspitze der Halbinsel von Saint-Tropez, genießen Sie den Traumblick auf das Meer, **bevor es über Stock und Stein auf dem Wanderpfad an kleinen und tatsächlich auch im Hochsommer menschenleeren Buchten hinunter in die ❹ Baie de Briande** hinuntergeht, wo höchstens ein paar Segelboote ankern.

Bleiben Sie direkt am Meer, überqueren Sie den breiten Strand des Bastide Blanche, und an der Halbinsel ❺ INSIDER TIPP **Cap Taillat** haben Sie die Wahl zwischen Sand und Felsen zum nächsten ausgiebigen Bad. Die Boote und Yachten, die sich auf dem Ausflug von Saint-Tropez aus hier versammeln, halten normalerweise höflichen Abstand zum Strand. **Für den Weg zurück zum Gigaro-Strand**

2,4 km

❸ Cap Lardier

1,5 km

❹ Baie de Briande

1,6 km

❺ Cap Taillat

6,2 km

Erwandern Sie den *sentier littoral* und Sie werden sich über menschenleere Buchten wundern

1 Plage de Gigaro

nehmen Sie die Abkürzung über das Weingut der Bastide Blanche, das zur Domaine de la Croix gehört, aber nicht zu besichtigen ist, durch Wälder mit den *pins parasol,* den Kiefern, die ihr grünes Nadeldach wie Sonnenschirme aufspannen, und Felder, die zeigen, dass Landwirtschaft auch im Paradies des Jetset noch eine Zukunft hat. **Den Strand an der Pointe du Brouis kennen Sie ja schon und an der 1 Plage de Gigaro** sind Sie wieder zurück in der Zivilisation und genießen das Abendessen am Meer im Restaurant **Couleurs Jardin** *(April–Sept. tgl. | Tel. 04 94 79 59 12 | www.restaurantcouleursjardin.com | €€).*

4 FREIZEITSPORT IM TAL DER ROYA

START: 1 Menton
ZIEL: 1 Menton

Strecke:
125 km

3 Tage
reine Fahrzeit
3 Stunden

KOSTEN: ca. 300 Euro/Person für Übernachtung, Essen, Benzin und Autobahngebühren in Italien
MITNEHMEN: Wanderschuhe bei Ausflügen in die Berge, Ausrüstung für Kajak oder Canyoning, warme Kleidung selbst im Sommer

ACHTUNG: Die schmale Straße von Breil-sur-Roya nach Tende wird seit Jahren ausgebaut. Es gibt immer wieder Baustellen, die zu längeren Staus führen können.

Selbst im Hochsommer verschafft Ihnen ein Ausflug von Menton ins Tal der Roya kühle Luft. Das Hinterland der Côte d'Azur erwacht. Das Tal hat die Infrastruktur für Sportangebote ausgebaut. Kajakfahren, Canyoning, Wandern im Nationalpark oder Klettern auf einer Via Ferrata – hier ist nahezu alles möglich. Von Menton aus kommen Sie über Sospel in das Roya-Tal. Zurück geht es dann über das italienische Ventimiglia.

TAG 1
1 Menton
19 km
2 Sospel
20 km

Von **1 Menton** → S. 37 **führt die kurvenreiche D 2566 durch das Vallée du Caraï nach 2 Sospel**. Das Wahrzeichen der zweitgrößten Stadt der Grafschaft Nizza ist die Brücke aus dem 15. Jh., einst Mautstelle an der *Route du Sel*, der Salzstraße. Die Brücke wurde im Zweiten Weltkrieg zerstört, 1953 aber mit Steinen aus dem Bett des Bévéra-Flusses neu aufgebaut. Sehenswert ist die Kathedrale **Saint-Michel** auf einem von mittelalterlichen Arkadenhäusern umgebenen Platz. **Von Sospel führt die D 2204 über den 879 m hohen Col de Brouis ans Ufer der Roya.**

Ausgangspunkt für Ihre Sporttour ist der Ort ❸ **Breil-sur-Roya**. Das Dorf liegt an beiden Ufern des Bergflusses, der hier zu einem künstlichen See aufgestaut ist. Das örtliche Office du Tourisme *(Place Biancheri | Tel. 04 93 04 99 76 | www.breil-sur-roya.fr)* vermittelt Ihnen Kajakkurse und Canyoning-Ausflüge in die herrlichen Schluchten der Umgebung. Probieren Sie es einfach mal aus! **Etwas weiter flussaufwärts liegt der Ort** ❹ **Saorge** → **S. 84**, eines der schönsten französischen Felsendörfer. Das Gästehaus **Ca'Da Barrera** *(5 Zi. | 1, Rue Doumergue | Tel. 06 16 44 08 26 | www.chambresdhotes-saorge.fr | €€)* bietet Ihnen nach Reservierung auch ein Abendmahl *(€)*.

Von Saorge aus können Sie am nächsten Tag schöne Wanderungen in den *Nationalpark Mercantour* → S. 83 unternehmen. **Anschließend fahren Sie weiter nach Norden.** Eine Übernachtung lohnt das Hotel-Restaurant **Le Mirval** *(18 Zi. | Okt.–April geschl. | 3, Rue Vincent Ferrier | Tel. 04 93 04 63 71 | www.lemirval.com | €)* in ❺ **La Brigue**. Das Dorf gehörte mal zur Provence, mal zu Savoyen, zu Frankreich, zum Piemont, zu Italien und ist 1947 nach einer Volksabstimmung mit dem Roya-Tal zurück nach Frankreich gekommen. Die 600 Einwohner sind stolz auf gleich INSIDER TIPP **sieben historische Denkmäler**. Ein 90-minütiger Spaziergang führt zu den kleinen Kapellen, die im Laufe der Jahrhunderte rund um das Dorf gebaut wurden. Wer es sportlich möchte, kann in gut 5 Std. zum 2482 m hohen **Mont Bertrand** wandern.

Am Abschlusstag wird es nochmal richtig spannend. Der letzte Schrei in Sachen Abenteuer in den Südalpen ist eine sogenannte *Via Ferrata*, italienischer Ausdruck für Kletterrouten in schwindelerregender Höhe, die voll ausgestattet sind mit Steigeisen, Leitern, Stegen und Brücken. Buchen und ausprobieren können Sie das im Bergdorf ❻ **Tende**, wo zwischen zwei Felsen der 20 m lange und 40 cm breite Steg schon von weitem als Höhepunkt der **Via Ferrata des Comtes Lascaris** *(www.tendemerveilles.com)* zu erken-

❸ Breil-sur-Roya

10 km

❹ Saorge

12 km

TAG 2

❺ La Brigue

6 km

TAG 3

❻ Tende

45 km

7 Ventimiglia

10 km

1 Menton

nen ist. Zurück in Tende bietet Ihnen das **Musée des Merveilles** → S. 85 eine angenehme wie unterhaltsame Verschnaufpause nach so viel sportlicher Betätigung. **An die Küste führt der schnellste Weg von Breil-sur-Roya über die französische D 6204 zur Grenze und die italienische SR 20 über 7 Ventimiglia** mit seinen verglichen mit Frankreich günstigen Einkaufsmöglichkeiten und einem großen Markt. **Am Meer entlang kommen Sie über die Via Aurelia zurück nach Frankreich und 1 Menton** → S. 37.

5 VON SCHLUCHT ZU SCHLUCHT IM HINTERLAND

START: 1 Puget-Théniers **ZIEL:** 11 Moustiers-Sainte-Marie	**3 Tage** reine Fahrzeit 3,5 Stunden
Strecke: 190 km	

KOSTEN: ca. 250 Euro/Person plus Benzinkosten plus 20 Euro für Pinienzapfenzug
MITNEHMEN: gute Schuhe für Spaziergänge und Aussichtspunkte

ACHTUNG: Vorsicht auf den engen Straßen entlang der Schluchten, v. a. auf der Route des Crêtes im Verdon.
Außerhalb der Hochsaison im Sommer sind viele Restaurants im Hinterland geschlossen, doch in Moustiers-Sainte-Marie sind Sie das ganze Jahr über willkommen.

Das Hinterland der Côte d'Azur hat seinen herben Reiz bewahrt und bietet großartige Landschaften mit den Schluchten, die Flüsse wie der Var oder der Verdon in die Berge gefräst haben. Diese Tour nimmt Sie mit in die Bergwelt, knapp hundert Kilometer vom Mittelmeer entfernt. Die Gorges de Daluis oder die Gorges du Verdon, auch Grand Canyon genannt, sind ein Paradies für Wanderer und Sportler; Valberg hat sogar eine Skistation mit Wellnessbad und herrlichen Wanderwegen. Entrevaux und Moustiers-Sainte-Marie gehören zu den schönsten Dörfern Frankreichs und bieten ein gastronomisches Angebot, das kaum Wünsche offen lässt.

TAG 1

1 Puget-Théniers

19 km

Ausgangspunkt der Tour ist das Städtchen **1 Puget-Théniers** nordwestlich von Nizza am Ufer des Var-Flusses; die Maison de Pays *(www.provence-val-dazur.com)* beherbergt die Tourismuszentrale des regionalen Naturparks. Hier können Sie sich mit Spezialitäten der Region wie Likör oder Konfitüre eindecken. **Danach fahren Sie auf der D 6202 nach Osten, biegen in Le Pont du Cians auf**

die D 28 in Richtung Norden und kommen sofort in die ❷ Gorges du Cians, die Schluchten des Flusses Cian, der im Mercantour-Nationalpark seine Quelle hat. Die spektakuläre Straße durch rote Felsen **passiert das mittelalterliche Dorf Beuil und führt ins moderne Tourismuszentrum ❸ Valberg**, das sowohl im Sommer als auch im Winter für Sportler attraktiv ist. Nehmen Sie dort den Sessellift hinauf zur **Croix du Sapet** und amüsieren Sie sich beim INSIDER TIPP Abseilen in den Baumwipfeln wieder hinunter zur **Station (Espace Valberg Aventure)** *(im Hochsommer tgl. | je nach Parcours 14–23 Euro)*. Günstigen Mittagstisch und einen Kaffee bekommen Sie im Restaurant **Les Terrasses du Soleil** *(Av. Saint-Bernard | Tel. 04 93 02 60 73 | €)*.

Gestärkt geht es **weiter nach Guillaumes** an den Eingang der **❹ Gorges de Daluis → S. 93**. Direkt am Ortsausgang wartet mit dem **Pont de la Mariée** der erste Panoramablick auf die Schlucht, die an der D 2202 ein atemberaubendes Naturschauspiel zeigt. **Am Ausgang der Schlucht fahren Sie ein Stück zurück bis nach ❺ Entrevaux → S. 92**, wo Sie in **La Maison de Julie** eins der schönsten Gästezimmer der Region finden.

❷ Gorges du Cians
17 km
❸ Valberg
19 km
❹ Gorges de Daluis
20 km
❺ Entrevaux
40 km

Der Fluss sorgte für spektakuläre Schluchten, Entrevaux für die passende Überbrückung

TAG 2

6 Castellane

16 km

TAG 3

7 Gorges du Verdon

2 km

8 Belvedère du Couloir Samson

14 km

9 Corniche des Crètes

16 km

10 La Palud-sur-Verdon

Nach dem opulenten Frühstück mit Obstsäften der Region und selbst gemachter Marmelade schauen Sie sich Entrevaux mit seiner **Zitadelle** (30-minütiger Fußmarsch) an und profitieren am Wochenende im Sommer vom **Train des Pignes** → S. 93, dem Pinienzapfenzug, der Sie in alten Waggons hinter der Dampflokomotive nach Annot und wieder zurück bringt. **Über die D 4202 und die D 955 kommen Sie ins Verdon-Tal bei 6 Castellane** → S. 86. Wenn Sie noch Energie haben, steigen Sie in einer Viertelstunde auf den 184 m hohen **Roc**, den von der Kapelle **Notre-Dame-du-Roc** gekrönten Felsen über dem Dorf. Das Abendessen und die Übernachtung in **Ma Petite Auberge** dürfen noch ein kleines Weilchen warten.

Der nächste Tag führt Sie tief hinein in die **7 Gorges du Verdon** → S. 87, die Verdon-Schlucht. Halten Sie unbedingt am Aussichtspunkt **8 Belvedère du Couloir Samson**. Genießen Sie die Fahrt auf der engen Straße und versäumen Sie nicht, **nach 22 km scharf links auf die D 23 abzubiegen und die 9 Corniche des Crètes** → S. 87 zu erleben mit atemberaubenden Ausblicken von der Straße auf die berühmten Kletterfelsen hoch über dem smaragdgrünen Fluss. Nach diesem Bogen landen Sie in **10 La Palud-sur-Verdon** → S. 87, der kleinen Hauptstadt der Schluchten, in deren Cafés sich die Verdon-Abenteurer treffen.

Auf dem Weg nach Moustiers-Sainte-Marie legen Sie am Strand neben dem Pont du Galetas eine Badepause am Lac de Sainte-Croix ein. Im wunderschönen Dorf **11 Moustiers-Sainte-Marie** → **S. 88**, das für seine Fayence-Kunst berühmt ist, finden Sie viele Geschäfte mit provenzalischen Spezialitäten und Kunsthandwerk sowie Restaurants wie **La Grignotière** *(Nov.–März geschl. | Rue de Sainte-Anne | Tel. 04 92 74 69 12 | €)* mit seiner schattigen Terrasse unter hundertjährigen Olivenbäumen. Verbringen Sie die Nacht vor der Rückkehr an die Küste in dem hübschen Örtchen: Das ganze Jahr über hat **Maguy Caffort** ihre beiden einfachen INSIDER TIPP Gästezimmer → S. 89 neben dem ehemaligen Waschhaus von Moustiers geöffnet.

Für den sensationellen Blick auf den Verdon können Sie Felsen erklimmen. Müssen Sie aber nicht.

SPORT & WELLNESS

Reißende Flüsse, die durch tiefe Täler fließen, schroffes Hochgebirge mit ewigem Schnee, Meer, Inseln, menschenleere Landschaften und Golfplätze mit Blick auf blaues Wasser: Die Côte d'Azur und ihr Hinterland sind ein Paradies, um alle denkbaren Sportarten zu betreiben und Wellnessangebote zu genießen.

Amateure und Profis, von leidenschaftlichen Wassersportlern über naturliebende Wanderer und ehrgeizige Bergsteiger bis hin zu begeisterten Golfern und Tauchern: Alle kommen hier auf ihre Kosten. Den besten Überblick über Sportaktivitäten an der Küste und im Hinterland geben die regionalen Tourismuskomitees in Nizza, auf Französisch und Englisch unter *www.cotedazur-tourisme.com* und *www.tourismepaca.fr*.

CANYONING

Schwimmen, Laufen, Springen, Abseilen, Klettern und sogar Tauchen: All diese Betätigungen verbindet diese vielseitige Sportart. Eine Gruppe Abenteuerlustiger hangelt sich durch Schluchten, überwindet Berge und durchquert Bäche. Die Touren können eine Stunde oder aber mehrere Tage dauern. Das Hinterland der Côte d'Azur bietet dafür die besten Voraussetzungen. Klassiker sind die Touren in den Schluchten des Verdon oder im Tal der Roya. Für Anfänger und Fortgeschrittene ist das Tal des Estéron bei Aiglun mit der *Clue des Mujouls*, der *Clue de Saint-Auban* und der *Clue d'Aiglun* als Krönung empfehlenswert. Infos zum Canyoning im Verdon-Gebiet hat das *Maison*

Meer und Strand, Berge, Flüsse und Cañons – die Côte d'Azur ist ein spannendes Terrain für viele Sportarten

des Alpes de Haute-Provence (s. S. 123). Tourenvorschläge bietet die französische Broschüre *Descente de Canyons dans les Alpes de Haute Provence* von B. Gorgeon. Für das Département Alpes-Maritimes informiert der *Conseil Général 06 (Nizza | www.randoxygene.org)*, der den Tourenführer *Clues et Canyons* herausgibt.

GOLF

Golf hat an der Côte d'Azur Tradition. 1891 gründete der russische Großherzog Michael den *Golf Country Club (www.golfoldcourse.com | Green Fees 90 Euro)* von Cannes-Mandelieu. Rund um den Urvater der Golfclubs sind heute 15 Plätze in etwa einer halben Autostunde erreichbar. Die komplette Liste und Kombiangebote für verschiedene Clubs gibt es unter *www.cotedazur-tourisme.com/golf* für das Département Alpes-Maritimes. Für die Golfclubs im Westen von Cannes finden Sie unter *www.golf-terre-mediterranee.fr* alle nützlichen Informationen.

KLETTERN

Für Extremkletterer in Europa sind die Schluchten des Verdon das Maß aller Dinge. Knapp tausend Strecken aller Schwierigkeitsgrade sind in den grauen und gelben Kalkfelsen eingerichtet. Kultstatus genießt die *Falaise de l'Escalès*, eine 300 m hohe, senkrechte Wand ohne einen einzigen Felsvorsprung zum Ausruhen. Für Anfänger und Fortgeschrittene bieten sich die Sandsteinfelsen von *Annot* oder die roten Wände bei *Roquebrune-sur-Argens* an. Einen Vorgeschmack aufs Hochgebirge geben die Felswände im oberen *Tal des Var*. Infos über den Verdon gibt es beim *Maison des Alpes de Haute-Provence* (s. S. 123), für die Südalpen beim *Comité Régional du Tourisme Riviera – Côte d'Azur* (s. S. 123). Auf den *Vie Ferrate*, den z. T. mit eisernen Stufen, Geländern und Haltegriffen ausgestatteten Klettersteigen, lässt sich Alpinismus, Klettern und Wandern miteinander verbinden. Ohne großes Training, aber mit professioneller Ausrüstung klettern Schwindelfreie sicher steile Felsen hoch, hangeln sich über einen *Pont de Singe*, eine Affenbrücke, über Schluchten. Es empfiehlt sich, für die erste Tour einen Führer zu engagieren. Die INSIDER TIPP *Via Ferrata du Baou de la Frema (www.colmiane.com)* in Colmiane-Valdeblore ist für Einsteiger ideal. Die *Via Ferrata des Comtes Lascaris* in Tende führt zu den historischen Wurzeln des Bergdorfs an der Grenze zu Italien. Neu eingerichtet sind die Kletterwege in Peille und Puget-Théniers. Infos bei den lokalen Fremdenverkehrsämtern oder beim *Comité Régional du Tourisme Riviera – Côte d'Azur* (s. S. 123).

SEGELN, SURFEN, STAND-UP-PADDLING

An der Küste liegen sieben Häfen mit mehr als tausend Anlegeplätzen: Hyères,

Golffans haben die Côte d'Azur schon lange für sich entdeckt

La Londe, Le Lavandou, Saint-Raphaël, Cannes, Saint-Laurent-du-Var und Antibes. Informationen gibt es bei der *Fédération Française de Voile (17, Rue Henri Bocquillon | 75015 Paris | www.ffvoile.fr)* oder beim Verband der *Stations Nautiques (17, Rue Henri Bocquillon | 75015 Paris | www.station-nautique.com)*.
Für Kitesurfer ist das ganze Jahr über Mandelieu mit *Air'X Kite (Centre Nautique de Mandelieu | Av. du Général de Gaulle | www.airxkite.com)* zum Beispiel eins der großen Zentren, aber natürlich auch die Strände von Nizza oder Toulon. Windsurfer treffen sich ab Ostern an den Stränden des *tombolo*, der die Giens-Halbinsel mit Hyères verbindet, bei Ostwind am Bergerie-Strand im Osten, bei Mistral am Almanarre-Strand im Westen. Freunde von Stand-up-Paddling finden ihr Paradies zum Beispiel an der *Plage Du Mouré Rouge (Miete für Brett und Paddel 12 Euro/Std. | www.cannesstanduppaddle.fr)* in Cannes. Eine Übersicht weiterer Paddelorte an der Côte d'Azur, etwa Théoule-sur-Mer oder Saint-Laurent-du-Var, liefert *Yumping (www.yumping.fr/paddle-surf/alpes-maritimes)*.

TAUCHEN & SCHNORCHELN

Felsenküste, klares Wasser und der Fischreichtum der Côte d'Azur locken Taucher und Schnorchler an: Vor der kleinen Insel Port-Cros ist ein **INSIDER TIPP** *Unterwasserweg für Schnorchler (Bureau d'Informations du Parc | Port-Cros | Tel. 04 94 01 40 72)* angelegt.
Wer tiefer hinunter möchte, ist zum Beispiel an den felsigen Küsten der Halbinsel Giens, der Halbinsel von Saint-Tropez sowie vor La Napoule und Cannes, aber vor allem in Saint-Raphaël gut aufgehoben. Vor der Esterel-Küste liegen Dutzende interessanter Schiffs- und Flugzeugwracks auf dem Meeresgrund, manche nicht einmal 20 m unterm Wasserspiegel. Informationen über die knapp 140 lokalen Tauchclubs bekommen Sie bei der *Fédération Française d'Etudes et de Sports Sous-Marins (24, Quai de Rive-Neuve | Marseille | Tel. 04 91 33 99 31)*. Deutsche Infos gibt es unter *www.europeandiving.com*.

WANDERN

Die alten Zöllnerpfade erleben inzwischen als *Wanderwege (sentier littoral)* (s. S. 49) eine Renaissance. Tipps und Karten finden Sie in den lokalen Tourismusbüros oder beim französischen Wanderverband *Fédération Française de la Randonnée Pédestre (64, Rue du Dessous des Berges | Paris | Tel. 01 44 89 93 90 | www.ffrandonnee.fr)*. Tipps für Touren im Département Alpes-Maritimes wie z. B. der knapp 10 km lange, in 5 Stunden locker zu schaffende **INSIDER TIPP** *sentier planétaire (Planetenweg)* in Valberg mit 300 m Höhenunterschied und Planetenskulpturen von Sonne bis Neptun gibt es unter *www.randoxygene.org* im Internet.

WELLNESS

Meerwasser besitzt Heilkraft – das wissen die Franzosen schon seit dem 19. Jh. Und sind heute weltweit größter Anbieter von Thalassotherapien. Zwar gibt es an der Côte d'Azur keine Thermalbäder, aber mit den ultramodernen Thalassozentren in Monaco, Antibes oder Cannes werden fast alle Wünsche abgedeckt. Mittlerweile bietet nahezu jedes Vier-Sterne-Hotel an der Küste außerdem einen Wellness- oder Spa-Bereich mit Badevergnügen und Massagen an. Auskunft und weitere Infos bekommen Sie beim *Comité Régional du Tourisme Riviera – Côte d'Azur* auf *www.cotedazur-tourisme.com*.

MIT KINDERN UNTERWEGS

Für Kinder ist das Mittelmeer eine einzige große Spielwiese. Und Abenteuerparks, zoologische Gärten und außergewöhnliche Museen machen die Ferien auch dann interessant, wenn es einmal regnen sollte.

Aber nicht nur an der Küste, auch im Hinterland richtet man sich auf die kleinen Kunden ein: Wassersport in Flüssen oder Seen macht dem Nachwuchs Spaß.

MONACO UND UMGEBUNG

JARDIN ANIMALIER MONACO

(137 D6) (*P6*)

Affen, Schlangen und Jaguare sind die Stars im Park auf den Terrassen von Fontvieille. *Tgl. 10–12, 14–17, im Sommer 9–12, 14–19 Uhr | 5 Euro, Kinder 3 Euro*

MUSÉE OCÉANOGRAPHIQUE

(137 D6) (*P6*)

Da staunen nicht nur die Kinder, wenn sie das 20 m lange Skelett eines Finnwals im großen Saal des Ozeanografischen Museums sehen. Zum Greifen nah sind auch die Fische hinter den dicken Glasscheiben der Aquarien. *April–Sept. tgl. 9.30–19, Juli/Aug. bis 19.30, im Winter 10–18 Uhr | 14 Euro, Kinder 7 Euro | 2, Av. Saint-Martin | www.oceano.mc*

NIZZA UND UMGEBUNG

PARC PHOENIX (141 E3) (*O7*)

Exotische Tiere und tropische Pflanzen finden ihren Platz in einem der größten Gewächshäuser Europas. Eine schöne Abwechslung für Kinder, die eine Pause

Zu Land und zu Wasser: Die besten Ideen für Familienurlaub an der Côte d'Azur – von aufregend bis entspannt

vom Strandleben brauchen. *Tgl. 9.30–19.30, im Winter bis 18 Uhr | 3 Euro, Kinder bis 12 Jahre gratis | 405, Promenade des Anglais*

PITCHOUN FOREST (141 D3) *(🕮 O7)*
„Pitchoun" ist das französische Wort für die Kleinen. Für Kinder im Alter zwischen 3 und 10 Jahren gedacht ist der Abenteuerparcours auf Brücken, Stämmen und Ästen in einem richtigen Wald. Keine Angst, Stürze kann es auf den vier Varianten mit bis zu 4 m Höhe nicht geben, weil der Nachwuchs gut abgesichert wird. *Mitte Febr.–Mitte Nov., Juli/Aug. tgl. 10–17, sonst Sa, So und franz. Schulferien 10–16 Uhr | 15 Euro | 2559, Route de Grasse | Villeneuve-Loubet | www.pitchounforest.com*. Für Erwachsene ist gleich nebenan das *Abenteuerlabyrinth (Labyrinthe de l'Aventure) (April–Mitte Nov., Juli/Aug. tgl. 10–17, sonst Sa, So und franz. Schulferien 10–16 Uhr | ab 12 Jahren 14,50 Euro, 4–11 Jahre 12,50 Euro | www.labyfolies.com)* mit insgesamt 4 km Strecke im Heckengewirr aufgebaut.

CANNES UND UMGEBUNG

MARINELAND ANTIBES
(141 D4) *(🕮 07)*

In dem großen Vergnügungspark bei Antibes sind Delphine, Orkas, Pinguine und Haie in riesigen Becken zu bewundern *(tgl. 10–18, im Sommer teils bis 24 Uhr | 39 Euro, Kinder von 3–12 Jahren 31 Euro)*. Besondere Attraktion ist die Orca-Show. Weitere Anziehungspunkte sind *Adventure Golf (Mi, Sa, So 10–19 Uhr | 11 Euro, Kinder 9 Euro)*, ein Minigolfplatz und *Kid's Island (tgl. 10–18 Uhr | 13,50 Euro, Kinder 10,50 Euro)*. Spezielle Kombi-Angebote. Auskunft: *www.marineland.fr*

VISIOBULLE (141 D4) *(🕮 08)*

Eine Bootsfahrt ist an sich schon eine nette Kinderattraktion, aber dank des gläsernen Bodens dieses Schiffs kommen Ihrem Nachwuchs eine gute Stunde lang auch noch die Fauna und Flora des Meeresbodens rund um das Cap d'Antibes zum Greifen nahe. *Juli/Aug. 9.25, 10.40, 11.55, 14, 15.25, 16.50, 18.50, April–Sept. 11, 13.30, 15, 16.30 Uhr | 14 Euro, Kinder 7 Euro | Blvd. Charles Guillaumont | gegenüber vom Office de Tourisme | Juan-les-Pins | www.visiobulle.com*

DIE WESTLICHE KÜSTE

AQUALAND FRÉJUS (140 A6) *(🕮 L9)*

Wenn Meer und Sand nicht mehr genug sind: Das Aqualand ist eins der größten Spaßfreibäder der Region an der RN 98 bei Fréjus. *Juni–Sept. tgl. 10–18, Juli/Aug. bis 19 Uhr | 27 Euro, Kinder 5–10 Jahre 19,50, 3–4 Jahre 10 Euro | RN 98 | www.aqualand.fr*

JARDIN OLBIUS-RIQUIER
(142 C5) *(🕮 H11)*

Der Park war einst eine Außenstelle des Pariser Instituts für die Akklimatisierung von exotischen Pflanzen, gehört aber seit 1868 der Stadt Hyères. Rund um einen Teich wachsen Palmen, Bananenbäume, Kakteen und duftende Blumen, zu sehen sind außerdem exotische Vögel. Auf dem gut 7 ha großen Gelände gibt es Kinderspielplätze, einen Pony-Club, eine Cafeteria und einen Minizoo. *Tgl. 7.30–20, im Winter bis 17.30 Uhr | Eintritt frei | Av. Ambroise Thomas | www.ville-hyeres.fr*

SAFARIPARK FRÉJUS (140 A5) *(🕮 L8)*

5 km nördlich der Stadt leben Raubkatzen, Elefanten, Affen, aber auch Flamingos, Geier und Papageien. *Tgl. 10–17, im Sommer bis 18 Uhr | 16 Euro, Kinder bis 9 Jahre 11,50 Euro | www.zoo-frejus.com*

VILLAGE DES TORTUES GONFARON
(142 C3) *(🕮 J10)*

Am Fuß des Massif des Maures leben Hunderte von Hermann-Landschildkröten unter wissenschaftlicher Betreuung in der freien Natur. *März–Ende Nov. tgl. 9–19 Uhr | 12 Euro, Kinder 5–16 Jahre*

8 Euro | 2 km außerhalb des Dorfs Gonfaron an der D 75 | www.villagetortues.com

DAS HINTERLAND

COLMIANE FOREST (136 B2) (🗺 O4)

Nahe der Via Ferrata in Colmiane-Valdeblore liegt der erste Abenteuerwald im Département Alpes-Maritimes mit 30 verschiedenen Übungen zum Felsenklettern. Für Kinder ab 5 Jahren gibt es einen speziellen Parcours. *Im Sommer tgl. 9–17 Uhr | 19,70 Euro, Kinder 8–12 Jahre 16,70 Euro, 5–7 Jahre 12,50 Euro | www.colmiane.com*

KAJAKFAHREN AUF DEM VERDON (138 C2) (🗺 H6)

Am Ausgang der Verdon-Schlucht bei Moustiers-Sainte-Marie und auf dem *Stausee Sainte-Croix* gibt das Wassersportzentrum *Station Voile* Kajakunterricht für Anfänger und Kinder. Auskunft: *Maison des Alpes de Haute-Provence* (s. S. 123); Auskunft zu Tretboot- und Kanuverleih *(ab ca. 7 Euro/Std.): MYC Plage (Mai–Sept. Plage du Galetas | Tel. 04 94 70 22 28), La Cadeno (Club Nautique Saint-Saturnin | Moustiers-Sainte-Marie | Tel. 04 92 74 60 85 | lacadeno.free.fr)*

KANUFAHREN IN BREIL-SUR-ROYA (137 E4) (🗺 Q5)

In Breil-sur-Roya ist der Wildwasserfluss aufgestaut – eine ideale Trainingsfläche für Kinder. Auskunft: *Office du Tourisme (Place Biancheri | Tel. 04 93 04 99 76 | www.breil-sur-roya.fr)*

SCENOPARC ALPHA (136 C2) (🗺 P4)

Im Mercantour-Nationalpark in den Alpes Maritimes dreht sich alles um den Wolf. Ein 1,2 km langer Spaziergang mit lauter spielerischen Informationen führt durch ein Reservat – *Le Boréon Saint-Martin-Vésubie (Sommer tgl 10–18, sonst Mi, Sa, So 10–17 Uhr, Nov.–Weihnachten geschl. | 9 Euro, Kinder 4–12 Jahre 7 Euro | www.alpha-loup.com)*.

Kinder tasten sich am besten in Kajak, Kanu oder Tretboot an den Verdon heran

EVENTS, FESTE & MEHR

Im Sommer jagt ein Festival das andere, das Frühjahr wird schon im Februar mit verschwenderischer Blütenpracht eingeläutet und im Herbst wie im Winter stehen die Volksfeste in den Dörfern des Hinterlandes ganz im Zeichen von Gastronomie und Natur.

FESTE & VERANSTALTUNGEN

JANUAR

Rallye Monte-Carlo: Seit 1911 der Jahresauftakt für den Motorsport mit spektakulären Bergetappen im Hinterland

Fête de Saint-Marcel in Barjols: Altes provenzalisches Volksfest zu Ehren des hl. Marcellus im Hinterland des Haut-Var mit Musik, Umzug und Gottesdienst. Am Wochenende um den 16. Januar wird seit dem 14. Jh. ein Ochse geopfert.

Zirkusfestival in Monaco: Die fürstliche Familie holt für eine Woche die besten Akrobaten und Clowns unter die Zirkuskuppel am Mittelmeer.

FEBRUAR

INSIDER TIPP ***Mimosenfest in Bormes-les-Mimosas***: Am dritten Sonntag feiert das Dorf die gelbe Blütenpracht der Mimosen und den Frühlingsanfang mit Blumenkorso und Volksfest.

Mimosenfest in Mandelieu-La-Napoule: Für das zehntägige Fest werden nur heimische Blüten verwendet. Korso, Volksfest und Ausflüge in den Mimosenwald

Karneval in Nizza: 3 Wochen lang im Februar Trubel. Jeden Tag Blumenschlachten, Konzerte, Straßentheater und eine riesige Technoparty

Zitronenfest in Menton: Die Stadt steht 3 Wochen lang im Zeichen von Zitronen und Orangen: Blumenschlachten, Paraden, Bälle und 200 000 Besucher.

APRIL

Windsurf-Weltcup in Hyères: Erste Regatta der Surfer Anfang März an den beiden Stränden zwischen Hyères und der Halbinsel von Giens

MAI/JUNI

Filmfestspiele von Cannes: Seit 1946 im Mai das internationale Treffen der Großen des Films

Grand Prix von Monaco: Das einzige Formel-1-Autorennen, das mitten in einer Stadt ausgetragen wird

Bravade in Saint-Tropez: Prozession und Volksfest zu Ehren des Stadtheiligen, des hl. Torpes, Mitte Mai

Midem in Cannes: Internationale Messe Anfang Juni im Festivalhaus für Unterhal-

Den Festekalender der Côte d'Azur zeichnet vor allem eins aus: die kuriose Mischung aus Kirchweih, Karneval und Formel 1

tungsmusik mit Dutzenden von Pop- und Rockkonzerten in der Stadt
Am 15. Juni ***Spanier-Bravade in Saint-Tropez***, Fest zum Gedenken an den Sieg über die spanische Flotte 1637

JULI

Jazz à Juan: Im Stadtwald von Juan-les-Pins geht das von Saxofonist Sidney Bechet gegründete internationale Jazzfestival über die Bühne.
Jazzfestival Nizza: Im Park Albert I. nur ein paar Schritte vom Meer entfernt, geben sich in der zweiten Julihälfte die Weltstars des Jazz ein Stelldichein.

AUGUST

Jasminfest in Grasse: Anfang August dreht sich eine Woche lang alles um die duftende Pflanze.

SEPTEMBER/OKTOBER

Monaco Yacht Show: Die Messe für die größten und verrücktesten Yachten Europas zieht jede Menge Besucher an.
Les Voiles de Saint-Tropez: Regatten im Golf von Saint-Tropez

DEZEMBER

Hirtenweihnacht in Lucéram: Weihnachten feiern nach alter Tradition mit den Hirten im Hinterland von Nizza

FEIERTAGE

1. Januar	Neujahr
März/April	Ostermontag
Mai	Christi Himmelfahrt
1. Mai	Tag der Arbeit
8. Mai	Kriegsende 1945
14. Juli	Nationalfeiertag in Frankreich
15. Aug.	Mariä Himmelfahrt
1. Nov.	Allerheiligen
11. Nov.	Waffenstillstand 1918
19. Nov.	Staatsfeiertag in Monaco
25. Dez.	Weihnachten

LINKS, BLOGS, APPS & CO.

LINKS & BLOGS

www.nicerendezvous.com Ein kleiner Verlag in Nizza zeichnet verantwortlich für diese Seite mit einer Fülle von nützlichen Informationen über die Geschichte, die Küche oder die Gastronomie von Nizza und der Côte d'Azur

www.cfaprovence.com Das deutsch-französische Kulturzentrum in Aix-en-Provence (Centre Franco-Allemand de Provence) stellt die wichtigsten Kulturveranstaltungen in ganz Südfrankreich vor und bietet dazu noch eine Fülle von nützlichen Adressen

www.nicematin.com, www.varmatin.com Die beiden großen Tageszeitungen der Region, die die gesamte Côte d'Azur abdecken, sind mit Nachrichten, Bildern und Videos im Netz vertreten

www.marcopolo.de/cotedazur Interaktive Karten mit Planungsfunktion, Impressionen aus der Community, aktuelle News und Angebote

short.travel/cot5 Eine Gruppe von Bewohnern des Zentrums von Nizza kommentiert unter dem Dach der Tageszeitung Nice Matin, was in der Altstadt passiert: Geschichten über Kultur, Gastronomie, kleine und große Katastrophen. Aber auch Tipps für Konzerte gibt es aus erster Hand in französischer Sprache

french-riviera-blog.com Der Engländer Kevin Hin schreibt über seine Wahlheimat an der Côte d'Azur in englischer Sprache. Aktuelle Informationen und Tipps für Reisende

www.ben-vautier.com Anfang der 1960er gründete Benjamin Vautier mit Künstlerkollegen in Deutschland die Fluxus-Bewegung mit Happenings und Performances. Der Künstler aus Nizza, mit eigenem Saal im Musée d'Art Contemporain, verliert auch im Alter nicht die Lust am Spiel mit Farben, Formen und Buchstaben. Diese Seite ist ein Leckerbissen für (französischsprachige) Kunstfreunde mit Spaß am Sehen (und Hören)

Egal, ob für Ihre Reisevorbereitung oder vor Ort: Diese Adressen bereichern Ihren Urlaub. Da manche sehr lang sind, führt Sie der short.travel-Code direkt auf die beschriebenen Websites. Falls bei der Eingabe der Codes eine Fehlermeldung erscheint, könnte das an Ihren Einstellungen zum anonymen Surfen liegen

short.travel/cot6 Die deutschsprachige Riviera Côte d'Azur Zeitung, die in Nizza herausgegeben wird, hat ihre Facebook-Seite zu einem bunten Forum – ebenfalls in deutscher Sprache – für Informationen in Südfrankreich ausgebaut

short.travel/cot7 Der Autor dieses MARCO POLO Bands versorgt die Leser auf seiner Facebook-Seite wöchentlich mit frischen Nachrichten und Tipps aus Südfrankreich

VIDEOS & MUSIK

short.travel/cot1 Gut gemachte Videos des lokalen Verkehrsamts über Saint-Tropez und die dazugehörige Bucht. Außer einem 15-Minuten-Film hat die Seite rund 25 kleinere Reportagen im Programm

short.travel/cot2 Hier präsentiert sich der Strandclub Nikki Beach in Saint-Tropez (route de l'Epi) mit seinen Modeschauen und seinen Motto-Partys von Russian Festival bis Spartacus in grenzenlosem Überfluss

short.travel/cot3 In kleinen Videofilmen und Fotogalerien stellen sich die Dörfer der Provence Verte rund um Cotignac vor

short.travel/cot4 Lauter informative Filme über Städte und Dörfer der Küste auf der Homepage des Comité Régional du Tourisme Riviera-Côte d'Azur

APPS

Monaco iPhone Guide Den Reiseführer in englischer Sprache über Monaco mit einer Fülle von Informationen können Sie gratis von der offiziellen Monaco-Homepage *www.visitmonaco.com* herunterladen

Saint.Tropez Natürlich ist Saint-Tropez der geeignete Flecken für Apps. Dieser sogenannte Magazin-Guide bietet in englischer Sprache eine Menge Infos für die einstige Jetset-Hochburg – Hotel- und Restauranttipps, Shops und Strände, Bildergalerien und vieles mehr

Nice Aéroport Alle Informationen über den Flughafen von Nizza können Sie sich mit dieser App auf Ihr Smartphone laden – Ankunft- und Abflugzeiten, aktuelle Änderungen und nützliche Nummern rund um Ihren Flug

PRAKTISCHE HINWEISE

ANREISE

Aus Deutschland führt die schnellste Route über Karlsruhe–Freiburg–Mulhouse–Lyon–Aix-en-Provence. Mehr Zeit braucht die Strecke Basel–Genf–Grenoble und die Route Napoléon über Digne-les-Bains und Grasse an die Küste. Urlauber aus Bayern und Österreich können die Côte d'Azur auch über die Brenner-Autobahn, dann über Mailand und Genua erreichen. Auf französischen *(péage)* und italienischen Autobahnen sowie über den Brenner wird Maut erhoben; auf Schweizer Autobahnen zahlt man eine Jahresgebühr für die Vignette. Vermeiden Sie zwischen Mitte Juli und Mitte August den Samstag als Anreisetag. Dann sind kilometerlange Staus die Regel.

GRÜN & FAIR REISEN

Auf Reisen können auch Sie viel bewirken. Behalten Sie nicht nur die CO_2-Bilanz für Hin- und Rückreise im Hinterkopf *(www.atmosfair.de; de.myclimate.org)* – etwa indem Sie Ihre Route umweltgerecht planen *(www.routerank.com)* – , sondern achten Sie auch Natur und Kultur im Reiseland *(www.gate-tourismus.de; www.ecotrans.de)*. Gerade als Tourist ist es wichtig, auf Aspekte wie Naturschutz *(www.nabu.de; www.wwf.de)*, regionale Produkte, wenig Autofahren, Wassersparen und vieles mehr zu achten. Wenn Sie mehr über ökologischen Tourismus erfahren wollen: europaweit *www.oete.de*; weltweit *www.germanwatch.org*

Zwischen Fréjus und Menton verläuft die Bahnlinie Marseille–Toulon–Genua immer entlang der Küste. Hyères ist durch eine Stichbahn mit Toulon verbunden. Die zeitlich schnellste Strecke ist jene über Paris; von dort braucht der Hochgeschwindigkeitszug TGV weniger als 3 Std. bis Marseille, von dort geht es weiter nach Toulon, Les Arcs und Saint-Raphaël bis nach Nizza. Für den TGV sollten Sie auf jeden Fall reservieren *(de.voyages-sncf.com/de)*. Länger dauert die Bahnfahrt über Basel, Genf und Lyon oder über Mailand, Turin und Genua. Zwischen Grasse und Cannes verkehrt der Regionalzug (TER) und verbindet das Hinterland direkt mit der Côte d'Azur bis nach Nizza.

Zentraler Flughafen ist Nice-Côte d'Azur *(www.nice.aeroport.fr)*, den alle großen Airlines ansteuern, auch die Billigflieger mit Direktverbindungen nach Berlin, Köln, Düsseldorf, Frankfurt/Main, Hamburg, München, Wien, Basel, Genf und Zürich. Direkt am Flughafen starten die Busse von *Phocéens Cars (Tel. 04 93 85 66 61)* mehrmals am Tag nach Le Cannet, Mandelieu, Fréjus, Le Muy, Brignoles und Marseille.
Die ersten Billigairlines fliegen mittlerweile auch den Regionalflughafen Toulon-Hyères *(toulon-hyeres.aeroport.fr)* an, aber es gab bei Redaktionsschluss dieses Reiseführers noch keine Linienflüge nach Deutschland.

AUSKUNFT

ATOUT FRANCE (FRANZÖSISCHE ZENTRALE FÜR TOURISMUS)
– Postfach 100 128 | 60001 Frankfurt/Main | de.rendezvousenfrance.com

Von Anreise bis Zoll

Urlaub von Anfang bis Ende: die wichtigsten Adressen und Informationen für Ihre Côte-d'Azur-Reise

– Österreich: *Tel. +43 1 5 03 28 92 | at.rendezvousenfrance.com*
– Schweiz: *ch.rendezvousenfrance.com | info.ch@atout-france.fr*

COMITÉ RÉGIONAL DU TOURISME RIVIERA – CÔTE D'AZUR
455, Promenade des Anglais | 06203 Nice Cedex 03 | Tel. 04 93 37 78 78 | www.cotedazur-tourisme.com

COMITÉ RÉGIONAL DU TOURISME PROVENCE-ALPES – CÔTE D'AZUR
Maison de la Région | 61, La Canebière | 13231 Marseille Cedex 01 | Tel. 04 91 56 47 00 | www.tourismepaca.fr

MAISON DES ALPES DE HAUTE-PROVENCE
Immeuble François Mitterrand | 8, Rue Bad Mergentheim | 04005 Digne-les-Bains | Tel. 04 92 31 57 29 | www.alpes-haute-provence.com

VAR TOURISME
1, Blvd. de Strasbourg | 83093 Toulon Cedex 01 | Tel. 04 94 18 59 60 | www.visitvar.fr

AUTO

Höchstgeschwindigkeit: Auf Autobahnen gilt 130, bei Regen 110 km/h, auf National- und Départementstraßen (N, D) 90, bei Regen 80 km/h, in Ortschaften 50 km/h. Vorsicht: Die Küstenstraßen sind in der Hauptsaison sehr stark befahren. Die Polizei kontrolliert ausgesprochen streng und verhängt hohe Geldbußen. Die Promillegrenze liegt bei 0,5. In Frankreich sind Warndreieck und gelbe Warnweste Pflichtausstattung im Auto. Empfohlen wird zudem ein Gerät für einen Alkoholtest, aber entgegen der ursprünglichen Ankündigung gibt es keine Strafe für Touristen, die das Gerät nicht mit sich führen.
Im Fall einer Panne: Das Abschleppen *(dépanneur-remorqueur)* vermittelt entweder die Polizei oder Sie rufen ein Unternehmen über die Notrufsäule bzw. die Rufnummer 17. Bei einem Unfall muss die Polizei nur bei Personenschäden eingreifen. Nehmen Sie unbedingt die grüne Versicherungskarte mit.

BANKEN & KREDITKARTEN

Banken haben vorwiegend *Mo–Fr 8.30–12* und *14–17 Uhr* geöffnet. Geldautomaten finden Sie fast in jedem Ort. Kreditkarten werden außer in großen Hotels und Restaurants auch in vielen Geschäften, Supermärkten, an Autobahnzahlstellen *(péage)* und Tankstellen angenommen.

BRANDSCHUTZ

Wegen der alljährlichen Waldbrände im Sommer gibt es drastische Sicherheitsvorschriften für den Brandschutz an der Côte d'Azur. Von Juli bis Mitte Sept. können gefährdete Gebiete wie der *Esterel* oder das *Massif des Maures* auch für Wanderer komplett gesperrt werden, wenn starker Wind und Trockenheit die Feuergefahr in den Wäldern erhöhen. Unter *Tel. 04 98 10 55 41* gibt es im Sommer Warnungen in französischer Sprache für das Département Var, die Internetseite *ddaf.cdig-83.org* informiert über Risikogebiete, Informationen erteilen zudem die lokalen Verkehrsämter.

CAMPING

Den regionalen Campingführer bekommen Sie beim entsprechenden *Comité Régional de Tourisme* oder in den Verkehrsämtern der einzelnen Orte. Den *Guide Officiel Camping Caravaning* gibt es bei der *Groupe Motor Presse France (12, Rue Rouget de Lisle | Issy-les-Moulineaux | Tel. 01 41 33 37 37)*. Sie können ihn auch einsehen unter *www.campingfrance.com*.

Immer mehr Campingplätze legen Wert auf Umweltschutz: So sind bei *Parc et Plage (28, Rue des Langoustiers | Hyères-les-Palmiers | Tel. 04 94 66 31 77 | www.parc-plage.com)* Autos komplett aus dem Innenbereich verbannt. Gäste werden mit Elektromobilen zum Mobilhome oder zum Stellplatz gefahren. Die Anlage mit ihren Bäumen, Blumen und Büschen wird mit Bio-Produkten gepflegt, Energiesparlampen sind Standard.

DIPLOMATISCHE VERTRETUNGEN

DEUTSCHES KONSULAT

34, Av. Henri Matisse | Nice | Tel. 04 93 83 55 25

ÖSTERREICHISCHES KONSULAT

6, Av. de Verdun | Nice | Tel. 04 93 87 01 31

SCHWEIZER KONSULAT

7, Rue d'Arcole | Marseille | Tel. 04 96 10 14 10

FAHRRADVERLEIH

Mietfahrräder gibt es mittlerweile auch in Nizza. Zwar lässt das Radwegenetz noch zu wünschen übrig, aber die 1200 Räder, die mit der Kreditkarte an 120 Stationen in der Engelsbucht gemietet werden können, sind immerhin ein Anfang *(www.velobleu.org)*. 5 Euro kostet das Kurzabo für 7 Tage, das 30 Minuten pro Tag beinhaltet, jede weitere Stunde kostet 1 Euro. Fahrräder mit Elektromotor vermietet *Eco-Loc (Parking Wilson | am Hafen | Villefranche-sur-Mer | Tel. 06 66 92 72 41 | www.ecoloc06.fr)* zu relativ hohen Preisen *(7 Euro für 1 Std., 30 Euro für 1 Tag)*.

FKK

Freikörperkultur (FKK) hat in Frankreich Tradition. 1931 ist auf der Ile du Levant, einer der Goldinseln vor Hyères, das Naturismus-Dorf *Héliopolis* gegründet worden, das an allen Stränden auf Textilfreiheit setzt und höchstens auf dem Dorfplatz, am Hafen und in Restaurants Minimalbekleidung fordert. FKK hat zwar in den letzten Jahren an Terrain verloren, ist aber weiter auf Campingplätzen wie *Origan Village (2160, Route du Savet | Tel. 04 93 05 06 00 | www.origan-village.com)* gefragt. Weitere Informationen über Nudisten-Strände und Campingplätze gibt es unter *www.naturisme.fr* oder unter *ffn-naturisme.com* im Internet.

GESUNDHEIT

Deutsche und österreichische Versicherte müssen zunächst für medizinische Hilfe bezahlen, bekommen ihre Auslagen aber nach den Gesetzen des Heimatlands erstattet. Die neue europäische Gesundheitskarte wird von Ärzten in Frankreich (noch) nicht anerkannt, weil die französischen Kartenlesegeräte nur auf einheimische Plastikausweise reagieren.

HAUSTIERE

In Frankreich gibt es keine Hundesteuer. Sie können Ihr Haustier an die Côte d'Azur mitnehmen, wenn es mindestens drei Monate alt, gegen Tollwut geimpft ist und eine Marke trägt. Empfehlenswert ist der europäische Heimtierpass. Fragen Sie bei der Hotelreservierung auf jeden Fall, ob Hunde akzeptiert werden. Normalerweise ist ein Aufpreis fällig.

INTERNETZUGANG & WLAN

Internetcafés gibt es in allen großen Städten, aber auch in den Dörfern des Hinterlands. Achtung, die Namen und die Eigentümer wechseln häufig. Ihre E-Mails abrufen und im Netz surfen Sie aber auch in Bibliotheken, etwa in Nizzas *Bibliothèque Louis Nucéra (Di–Sa | 2, Place Yves Klein | bmvr.nice.fr)*.
Über Internetanschlüsse verfügen die meisten Hotels, WLAN-Hotspots, die in Frankreich *Wi-Fi (Wireless Fidelity)* genannt werden, sind zumindest an der Küste keine Seltenheit mehr, gehören in vielen Hotels und in den Yachthäfen zwischen Hyères und Nizza zur Standardausstattung.

JUGENDHERBERGEN

Für die Herbergen in Städten wie Menton, Fréjus oder auf dem Cap d'Antibes brauchen Sie einen internationalen Jugendherbergsausweis. Auskunft: *Deutsches Jugendherbergswerk (Bismarckstr. 8 | 32756 Detmold | Tel. 05231 74010 | www.jugendherberge.de)*

NOTRUF

Europäischer Notruf: 112

ÖFFENTLICHE VERKEHRSMITTEL

Ohne Auto kann es bisweilen recht schwierig werden, sich an der Côte d'Azur fortzubewegen, vor allem im Hinterland. An der Küste funktionieren die öffentlichen Verkehrsmittel (Bus und Bahn) ganz gut, auch wenn die Lektüre der Fahrpläne und Tarife für nicht französisch sprechende Besucher kompliziert ist. In Nizza fährt seit einigen Jahren wieder eine Straßenbahn *(tramway)*.
Lichtblick auch für Einheimische sind die *Lignes d'Azur*. Auf den rund 60 Buslinien im Département Alpes-Maritimes *(www.cg06.fr)* gilt für jede Fahrt der Einheitstarif von 1,50 Euro. Haltestellen gibt es z. B. in Grasse, Cannes, Antibes, Menton, Nizza, aber auch in den Dörfern des Hinterlands.

ÖFFNUNGSZEITEN

Die Geschäfte in den Innenstädten sind meist *Mo–Sa von 9–19 Uhr* geöffnet, auch wenn manche Ladenbesitzer den Montag als Ruhetag nehmen. Dagegen sind die großen Supermärkte in den Einkaufszentren vor den Toren der Städte wie Nizza, Antibes oder Toulon, aber selbst in Vence, Grasse oder Fréjus mit ihren Tankstellen und Boutiquen *Mo–Sa bis 21* oder sogar *22 Uhr* offen. Weil Frankreich das früher geltende Verkaufsverbot an Sonntagen besonders in Touristenregionen gelockert hat, sind gerade an der Côte d'Azur viele Geschäfte das ganze Wochenende über geöffnet. In den großen Städten verkaufen am Sonntagmorgen ohnehin viele Bäckereien, Metzgereien und Lebensmittelgeschäfte ihre Waren.

POST

Briefe und Postkarten in EU-Länder kosten 0,83 Euro. Monaco gibt eigene Briefmarken heraus. Die Postämter sind meist *Mo–Fr 9–12* und *14–17, Sa 9–12 Uhr* geöffnet. Briefmarken bekommen Sie aber auch im Tabakgeschäft oder beim Kauf der Postkarte.

PRIVATUNTERKUNFT

Private Gästezimmer sind eine oft preiswerte Alternative zu den Hotels an der Côte d'Azur. Gute Qualität bieten die sogenannten *chambres d'hôtes*, das französische Pendant zum englischen Bed & Breakfast, zu buchen über *Maison des Gîtes de France (59, Rue Saint-Lazare | 75009 Paris | Tel. 0149707575 | www.gites-de-france.com)*. Die lokalen Verkehrsämter haben mehr Adressen für die *chambres d'hôtes*. Weitere Dachverbände für Gästezimmer in Südfrankreich sind *Fleurs de Soleil (www.fleursdesoleil.fr)*, *Atraveo (www.atraveo.de)* oder *Clévacances (www.clevacances.com)*.

Sehr beliebt sind in Frankreich Ferienwohnungen auf dem Land *(gîte rural)* oder für Gruppen *(grands gîtes)*, die normalerweise erst ab einer Mietzeit von einer Woche gebucht werden können. Größter französischer Anbieter für Ferienimmobilien ist *Pierre & Vacances (www.pierreetvacances.com)*, zu den größten deutschen Anbietern gehören *Inter-Chalet (www.interchalet.de)* oder *Marion Kutschank (ferienhaus.com)*. Interessante Angebote von Privatleuten finden sich unter *www.homelidays.com* im Internet.

WAS KOSTET WIE VIEL?

Parfum	**ab 30 Euro** *für einen Duft aus Grasse im 30-ml-Flakon*
Kaffee	**ab 1,30 Euro** *für einen Espresso*
Strandliege	**19 Euro** *pro Tag in Nizza*
Wein	**ab 8 Euro** *für eine Karaffe (0,5 l)*
Benzin	**um 1,50 Euro** *für 1 l Super*
Imbiss	**2,50 Euro** *für ein Käsesandwich*

REISEZEIT

Die beste Reisezeit für die Côte d'Azur sind Frühjahr und Herbst. In der Zeit der französischen Sommerferien von Anfang Juli bis Ende August ist die Region völlig überlaufen. Die Preise vor allem für Unterkünfte sinken ab Anfang September, wenn für die Franzosen die *rentrée*, also der Alltag nach dem Sommer beginnt, die Hitze nicht mehr so drückend ist, die Wassertemperaturen aber immer noch ein Bad im Mittelmeer möglich machen. Empfehlenswert ist die Côte d'Azur vor allem an Pfingsten, wenn die Einheimischen nur ganz wenige Tage Ferien haben.

Wunderschön ist die Region im Winter, wenn im Januar die ersten Mimosenblüten ein Signal dafür sind, dass die kalte Jahreszeit ihren Schrecken verliert. Gerade in den Hochburgen der Côte wie Nizza, Cannes und Antibes liegen die Preise selbst in Vier-Sterne-Hotels im Januar zum Teil 50 % unter dem Tarif für den Rest des Jahres.

STROM

Manche deutsche Geräte passen nicht in ältere französische Stecker, ein Adapter ist notwendig.

TELEFON & HANDY

Telefonzellen sind fast alle auf Karten umgestellt, die es in der Post und in Tabakläden gibt. Telefonate nach Hause: Deutschland 0049, Österreich 0043, Schweiz 0041. Vorwahl nach Frankreich: 0033, die Rufnummer ohne „0" vorweg (innerhalb Frankreichs gibt es keine Vorwahl). Vorwahl Monaco: 00377.

Die Franzosen nennen das Handy *portable*. Es konkurrieren vor Ort drei große Anbieter, *Cegetel (www.sfr.fr)*, *Orange (www.orange.com | mit deutscher Seite)* und *Bouygues (www.bouyguestelecom.fr)*. Außerhalb der Städte gibt es manchmal kein Netz.

TRINKGELD

Sie können dasselbe Trinkgeld *(pourboire)* geben wie zu Hause.

TRINKWASSER

Das Leitungswasser kann ohne Bedenken getrunken werden. In Restaurants ziehen viele Einheimische die *carafe d'eau* teurem Mineralwasser vor. In vielen Städten und Dörfern gibt es öffentliche Brunnen mit Trinkwasser *(eau potable)*.

ZEITUNGEN

Größte regionale Tageszeitungen sind *Nice Matin* und *Var Matin* mit guten Veranstaltungskalendern. In allen größeren Orten gibt es deutschsprachige Zeitungen und Zeitschriften. Eine Besonderheit ist die in Nizza monatlich erscheinende *Riviera-Côte-d'Azur-Zeitung (www.rczeitung.com)* in deutscher Sprache mit vielen praktischen Informationen.

ZOLL

Innerhalb der EU dürfen Waren für den persönlichen Bedarf frei ein- und ausgeführt werden; Richtwerte hierfür sind u. a. 800 Zigaretten, 90 l Wein, 10 l Spirituosen über 22 Prozent. Für Schweizer gelten deutlich geringere Mengen. *www.zoll-d.de*

WETTER IN NIZZA

	Jan.	Feb.	März	April	Mai	Juni	Juli	Aug.	Sept.	Okt.	Nov.	Dez.
Tagestemperaturen in °C	13	13	15	17	20	24	27	27	25	21	17	13
Nachttemperaturen in °C	4	5	7	9	13	16	18	18	16	12	8	5
Sonnenschein Stunden/Tag	5	6	6	8	9	10	12	11	9	7	5	5
Niederschlag Tage/Monat	7	6	6	7	6	3	2	3	6	8	8	7
Wassertemperaturen in °C	13	12	13	14	16	20	22	23	21	19	16	14

Sonnenschein Stunden/Tag · Niederschlag Tage/Monat · Wassertemperaturen in °C

SPRACHFÜHRER FRANZÖSISCH

AUSSPRACHE

Zur Erleichterung der Aussprache sind alle französischen Wörter mit einer einfachen Aussprache in eckigen Klammern versehen.

AUF EINEN BLICK

ja/nein/vielleicht	oui [ui]/non [nong]/peut-être [pöhtätr]
bitte/danke	s'il vous plaît [ßil wu plä]/merci [märßih]
Gute[n] Morgen/Tag!/ Abend!/Nacht!	Bonjour! [bongschuhr!]/Bonjour! [bongschuhr!]/ Bonsoir! [bongßoar!]/Bonne nuit! [bonn nüi!]
Hallo!/Auf Wiedersehen!/Tschüss!	Salut! [ßalü!]/Au revoir! [o rövoar!]/Salut! [ßalü!]
Entschuldigung!	Pardon! [pardong]
Ich heiße ...	Je m'appelle ... [schö mapäll ...]
Ich komme aus ...	Je suis de ... [schö süi dö ...]
Darf ich ...?	Puis-je ...? [püi schö?]
Wie bitte?	Comment? [kommang?]
Ich möchte/Haben Sie ...?	Je voudrais [schö wudrä]/Avez-vous ...? [aweh wu]
Wie viel kostet ...?	Combien coûte ...? [kombjäng kuht ...?]
Das gefällt mir (nicht).	Ça (ne) me plaît (pas). [ßa (nö) mö plä (pa)]
gut/schlecht/kaputt	bon [bong]/mauvais [mowä]/cassé [kaßeh]
zu viel/viel/wenig	trop [troh]/beaucoup [bokuh]/peu [pöh]
alles/nichts	tout [tuh]/rien [riäng]
Hilfe!/Achtung!	Au secours [o ßökuhr]/attention[attangßjong]
Polizei/Feuerwehr/ Krankenwagen	police [poliß]/pompiers [pompieh]/ ambulance [ambülangß]

DATUMS- & ZEITANGABEN

Montag/Dienstag	lundi [längdi]/mardi [mardi]
Mittwoch/Donnerstag	mercredi [märcrödi]/jeudi [schödi]
Freitag/Samstag/ Sonntag	vendredi [vangdrödi]/samedi [ßamdi]/ dimanche [dimangsch]
Werktag/Feiertag	jour ouvrable [schur uwrabl]/jour férié [schur ferieh]
heute/morgen/gestern	aujourd'hui [oschurdüi] /demain[dömäng]/hier [jähr]
Stunde/Minute	heure [öhr]/minute [minüt]
Tag/Nacht/Woche	jour [schur]/nuit [nüi]/semaine [ßömän]
Monat/Jahr	mois [moa]/année [aneh]

Tu parles français?

„Sprichst du Französisch?" Dieser Sprachführer hilft Ihnen, die wichtigsten Wörter und Sätze auf Französisch zu sagen

Wie viel Uhr ist es?	Quelle heure est-t-il? [käl ör ät il]
Es ist drei Uhr.	Il est trois heures. [il ä troasör]
Es ist halb vier.	Il est trois heures et demi. [il ä troasör e dömi]
Viertel vor vier	quatre heures moins le quart [katrör moäng lö kar]
Viertel nach vier	quatre heures et quart [katrör e kar]

UNTERWEGS

offen/geschlossen	ouvert [uwär]/fermé [färmeh]
Eingang/Einfahrt	entrée [angtreh]
Ausgang/Ausfahrt	sortie [ßorti]
Abfahrt/Abflug/Ankunft	départ [depahr]/départ [depahr]/arrivée [arriweh]
Toiletten/Damen/Herren	toilettes [toalett]/femmes [famm]/hommes [omm]
(kein) Trinkwasser	eau (non) potable [o (nong) potabl]
Wo ist ...?/Wo sind ...?	Où est ...? [u ä]/Où sont ...? [u ßong ...]
links/rechts	à gauche [a gohsch]/à droite [a droat]
geradeaus/zurück	tout droit [tu droa]/en arrière [ong arriähr]
nah/weit	près [prä]/loin [loäng]
Bus/Straßenbahn/ U-Bahn/Taxi	bus [büß]/tramway [tramwäi]/métro [mehtro]/taxi [takßi]
Haltestelle/Taxistand	arrêt [arrä]/station de taxi [ßtaßjong dö takßi]
Parkplatz/Parkhaus	parking [parking]
Stadtplan/[Land-]Karte	plan de ville [plang dö vil]/carte routière [kart rutjähr]
Bahnhof/Hafen/Flughafen	gare [gahr]/port [pohr]/aéroport [aeropohr]
Fahrplan/Fahrschein	horaire [orär]/billet [bije]
einfach/hin und zurück	aller simple [aleh ßämpl]/aller-retour [aleh rötuhr]
Zug/Gleis/Bahnsteig	train [träng]/voie [woa]/quai [käh]
Ich möchte ... mieten.	Je voudrais louer ... [schö wudräh lueh ...]
ein Auto/ein Fahrrad/ ein Boot	une voiture [ün woatür]/un vélo [äng weloh]/ un bateau [äng batoh]
Tankstelle	station d'essence [ßtaßjong deßangß]
Benzin/Diesel	essence [eßangß]/diesel [diesäl]
Panne/Werkstatt	panne [pann]/garage [garahsch]

ESSEN & TRINKEN

Die Speisekarte, bitte.	La carte, s'il vous plaît. [la kart ßil wu plä]
Könnte ich bitte ... haben?	Puis-je avoir ... s'il vous plaît [püischö awoar ... ßil wu plä]
Flasche/Karaffe/Glas	bouteille [buteij]/carafe [karaf]/verre [wär]
Messer/Gabel/Löffel	couteau [kutoh]/fourchette [furschät]/cuillère [küijär]
Salz/Pfeffer/Zucker	sel [ßäl]/poivre [poawr]/sucre [ßükr]

Essig/Öl	vinaigre [winägr]/huile [üil]
Milch/Sahne/Zitrone	lait [lä]/crème [kräm]/citron [ßitrong]
kalt/versalzen/nicht gar	froid [froa]/trop salé [tro ßaleh]/pas cuit [pa küi]
mit/ohne Eis/Kohlensäure	avec [awäk]/sans [ßang] glaçons/gaz [glaßong/gaß]
Vegetarier(in)	végétarien(ne) [weschetarijäng/weschetarijänn]
Ich möchte zahlen, bitte.	Je voudrais payer, s'il vous plaît. [schön wudrä pejeh, ßil wu plä]
Rechnung/Quittung	addition [adißjong]/reçu [rößü]

EINKAUFEN

Apotheke/Drogerie	pharmacie [farmaßi]/droguerie [drogöri]
Bäckerei/Markt	boulangerie [bulangschöri]/marché [marscheh]
Einkaufszentrum	centre commercial [ßangtre komerßial]
Kaufhaus	grand magasin [grang magasäng]
100 Gramm/1 Kilo	cent grammes [ßang gramm]/un kilo [äng kilo]
teuer/billig/Preis	cher [schär]/bon marché [bong marscheh]/prix [pri]
mehr/weniger	plus [plüß]/moins [moäng]
aus biologischem Anbau	de l'agriculture biologique [dö lagriköltür bioloschik]

ÜBERNACHTEN

Ich habe ein Zimmer reserviert	J'ai réservé une chambre [scheh reserweh ün schangbr]
Haben Sie noch ...?	Avez-vous encore ...? [aweh wusangkor ...]
Einzel-/Doppelzimmer/	chambre simple/double [schangbr ßämplö/dublö]
Frühstück	petit déjeuner [pöti deschöneh]
Halbpension/Vollpension	demi-pension [dömi pangßjong]/pension complète [pangßjong komplät]
Dusche/Bad	douche [dusch]/bain [bäng]
Balkon/Terrasse	balcon [balkong] /terrasse [teraß]
Schlüssel/Zimmerkarte	clé [kleh]/carte magnétique [kart manjetik]
Gepäck/Koffer/Tasche	bagages [bagahsch]/valise [walis]/sac [ßak]

BANKEN & GELD

Bank/Geldautomat/ Geheimzahl	banque [bangk]/guichet automatique [gischeh otomatik]/code [kodd]
bar/Kreditkarte	comptant [komtang]/carte de crédit [kart dö kredi]
Banknote/Münze	billet [bijeh]/monnaie [monä]

GESUNDHEIT

Arzt/Zahnarzt/Kinderarzt	médecin [medßäng]/dentiste [dangtißt]/pédiatre [pediaträ]
Krankenhaus/Notfallpraxis	hôpital [opital]/urgences [ürschangß]

Fieber/Schmerzen	fièvre [fiäwrö]/douleurs [dulör]
Durchfall/Übelkeit	diarrhée [diareh]/nausée [noseh]
Sonnenbrand	coup de soleil [ku dö ßolej]
entzündet/verletzt	enflammé [angflameh]/blessé [bleßeh]
Pflaster/Verband	pansement [pangßmang]/bandage [bangdahsch]
Salbe/Schmerzmittel	pommade [pomad]/analgésique [analschesik]

TELEKOMMUNIKATION & MEDIEN

Briefmarke	timbre [tämbrö]
Brief/Postkarte	lettre [lätrö]/carte postale [kart poßtal]
Ich brauche eine Telefonkarte fürs Festnetz.	J'ai besoin d'une carte téléphonique pour fixe. [scheh bösoäng dün kart telefonik pur fiekß]
Ich suche eine Prepaidkarte für mein Handy.	Je cherche une recharge pour mon portable. [schö schärsch ün röscharsch pur mong portablö]
Wo finde ich einen Internetzugang?	Où puis-je trouver un accès à internet? [u püische truweh äng akßä a internet]
wählen/Verbindung/besetzt	composer [komposeh]/connection [konekßiong]/occupé [oküpeh]
Steckdose/Ladegerät	prise électrique [pris elektrik]/chargeur [scharschör]
Computer/Batterie/Akku	ordinateur [ordinatör]/batterie [battri]/accumulateur [akümülatör]
At-Zeichen	arobase [arobaß]
Internet-/E-Mail-Adresse	adresse internet/mail [adräß internet/mejl]
Internetanschluss/WLAN	accès internet [akßä internet]/wi-fi [wifi]
E-Mail/Datei/ausdrucken	mail [mejl]/fichier [fischjeh]/imprimer [ämprimeh]

FREIZEIT, SPORT & STRAND

Strand	plage [plahsch]
Sonnenschirm/Liegestuhl	parasol [paraßol]/transat [trangßat]
Ebbe/Flut/Strömung	marée basse [mareh baß]/marée haute [mareh ot]/courant [kurang]
Seilbahn/Sessellift	téléphérique [teleferik]/télésiège [teleßiäsch]
Schutzhütte	refuge [röfüsch]

ZAHLEN

0	zéro [sero]	8	huit [üit]
1	un, une [äng, ühn]	9	neuf [nöf]
2	deux [döh]	10	dix [diß]
3	trois [troa]	20	vingt [väng]
4	quatre [katr]	100	cent [ßang]
5	cinq [ßänk]	1000	mille [mil]
6	six [ßiß]	½	un[e] demi[e] [äng/ühn dömi]
7	sept [ßät]	¼	un quart [äng kar]

REISEATLAS

Verlauf der Erlebnistour „Perfekt im Überblick"
Verlauf der Erlebnistouren

Der Gesamtverlauf aller Touren ist auch in der herausnehmbaren Faltkarte eingetragen

Bild: Antibes – Altstadt und Yachthafen

Unterwegs an der Côte d'Azur

Die Seiteneinteilung für den Reiseatlas finden Sie auf dem hinteren Umschlag dieses Reiseführers

A
B
C
1
2
3
4
5
6
Beaujeu
St Pierre
1667
Sommet de Chappe
Tercier
2560
2426
Le Bès
1551
Crête de Liman
le Clucheret
Chaudol
Recuit
Faillefeu
Sommet de Denjuan
Chasse
Fort de Savoie
Colmars
N.D. de Lauzière
La Javie
Blégiers
2403
Fort de
1313
le Brusquet
Bléone
Chavailles
Villars-Colmars
Chanolles
Chanolette
Montagne du Cheval Blanc
908
Beauvezer (1150)
Draix
Bouinenc
2305
la Valette (1290)
2085
la Rouine
Villars-Heys
Archail
2223
Ondres
1945
le Villard
Notre Dame
le Moustier
Thorame-Haute
le Coura
2158
Vaumet
1702
la Peine
Château-Garnier
Thorame-Basse
Plan-de-Chaude
Tartonne
la Bâtie
2115
les Dourbes
1694
Peyresq
Lambruisse
Argens
Thorame-Haute-Gare
(1431)
Col de la Colle St Michel
les Sauzeries
Laubre
Entrages
les Dourbettes
Douroulles
Montagne de l'Allier
Clumanc
la Clappe
les Bourillons
1789
Chabrières
les Nèbles
Route de la Lavande d'Hiver des Alpes
Vaucluse
Toueste
le Castellet
le Fugeret
Chaudon
la Moutière
Route Napoléon
Bontes
1593
les Chaillans
955
Chaudon-Norante
Hyèges
la Mure
1685
St Lions
St Jacques
Plus-Haut
Allons
Moriez
St André-les-Alpes
202
Barrême
Réserve Géologique
Méouilles
Angles
1421
Route de la Lav. d'Hiver des Alpes
1620
Route Napoléon
de
la Barre
le Riou-d'Ourgeas
4085
Courchons
Notre Dame
Majastres
Église romane
Haute Provence
Vergons
(1124)
Crête de Montmuye
Senez
St Julien-du-Verdon
Col de Tout
Sommet du Cartellard
Blaron
Clue de Vergons
1621
la Tuillière
1725
la Baume
Barrage de Castillon
la Maurelière
le Bas-Chaudoul
1760
Chiran
Parc
le Cheiron
Demandolx
Blieux
Clue de Taulanne
955
Col de (800)
la Blache
1641
Col des Leque (1146)
N.D. du Roc
1905
Pré Chauvin
Castellane
Barrage de Chaudanne
1898
Naturel
1741
Enceinte
les Brochiers
les Louches
Berbené
Chasteuil
Villars-Brandis
4085
1930
1771
la Garde
952
1479
Verdon
Brans
1590
Châteauneuf-les-Moustiers
Régional
Clue de Chasteuil
St Thyrs
Col de Luens (1054)
la Bâtie
le Plan
1447
Robion
Torrent de Valonge
du
Èoulx
Route de la Lavande
la Palud-sur-Verdon
Point Sublime
Valcros
83 Var
Grand Canyon-du-Verdon
Clue de Carejuan
1028
le Bourguet
Châteauvieux
Taulane
955
Verdon
Brenon
la Marre
Cirque de Vaumale
XI-III
le Petit-St Maymes
Riblaquon
le Castellas
Trigance
Corniche Sublime
Balcons de la Mescla
Jabron
1420
la Cournuelle
Bargème
Falaise des Cavaliers
Pont de l'Artuby
71
1037
Canyon de l'
la Souche
21
Comps-s-Artuby
le Mo
la Colle
139
1063
1152

D
E
F
1
2
3
4
5
6
5 km
3.1 mi
A l p e s
Parc National du Mercantour
Montagne de l'Aip
Route des Grandes Alpes
Route des Grandes Alpes
04 Alpes-de-Haute-Provence
06 Alpes-Maritimes
04 Alpes-de-Haute-Provence
06 Alpes-Maritimes
83 Var
Gorges de Daluis
Gorges Supérieures du Cians
Gorges Infrs. du Cians
Gorges du Loup
Montagne de Charamel
Montagne du Cheiron
Montagne de l'Audibergue
Route Napoléon
St Jean
Cime de Pal
2818
les Donnes
2474
(1507)
Roya
Vallon de Roya
la Blache
Tinée
Cascade de
Entraunes
2682
Col des Champs
(2191)
X-VI
Cime de l'Aspre
2468
2673
les Tourres
Chastelonnette
2157
St Barnabe
Pra-Pelet
2747
2540
St Martin-d'Entraunes
Châteauneuf-d'Entraunes
Barels
la Baumette
2553
Mont Mounier
2817
Vignols
2202
2048
Bouchanières
le Villard
Péone
la Valle
tit Coyer
2580
le Grand Coyer
Enaux
Villeneuve-d'Entraunes
Col de la Couillole
(1678)
7%
5%
les Amignons
Valberg
30
Beuil
(1450)
2693
Cabane-des-Bas-Pasqueires
2005
Pra-d'Airand
Sauze
Guillaumes
28
1829
Croix de Valberg
les Launes
Villetalle
2517
Mont St Honorat
Villeplane
Sauze-Vieux
5
Cime de Courbaissa
2189
1989
la Saussette
2065
le Lavigné
Amen
Ruch
2100
Aurent
Tête de Travers
2159
Grande Clue
Dôme de Barrot
2137
Petite Clue
Grotte du Chat
Argenton
Beauge
Col du Fa
(1500)
Daluis
Sausses
Léouve
Pierlas
Rubi
St Léger
Castellet-lès-Sausses
Amarines
Tête de Samos
Lieuche
902
Var
la Croix-sur-Roudoule
1562
11%
Braux
Enriez
Auvare
1601
Rigaud
1518
St Benoit
Puget-Rostang
Thiéry
15
28
202
Église romane
Puget-Théniers
les Scaffarels
le Plan
4202
Pont de Cians
Touët-sur
32
Citadelle
Entrevaux
(515)
Enceinte
Col de St Raphaël
(876)
Clue de Rouaine
Ourges
Jaussiers
St Jean-du-Désert
le Champ
40
Isclé
Rourebel
Ascros
Avenos
la Penne
la Rochette
2211A
Ubraye
Villevieille
St Pierre
St Antonin
le Touyet
Barnaud
1533
Montblanc
Amirat
Collongues
Maupoil
Cuébris
Clue du Riolan
la Sagne
les Mujouls
Sallagriffon
Clue d'Aiglun
le Prignolet
Gars
Roquesteron
Briançonnet
Aiglun
Sigale
Esteron
Clue de St Auban
Clue de la Bouisse
St Auban
1471
Cascade de Vegay
Gironde
le Mas
1541
Gréolières-les-Neiges
le Brunet
1474
les Sausses
la Foux
1644
les Lattes
(1439)
Col de Bleine
1777
1656
Cime du Cheiron
la Ferrière
Thorenc
(1250)
Quatre Tours
le Haut-Thorenc
Gréolières
St Pons
(1020)
Valderoure
2
Oppidum de Castelleras
Loup
Cipières
Séranon
Caille
Andon
St Barnabé
6085
Col de la Sine
(1080)
l'Audibergue
Canaux
Cascade
(1169)
la Lubi
Col de Valferrière
1642
St Lampert
St Maurice
1334
l'Ecre
Cascade
Courmes
11%
1392
Caussols
Esclapon
7%
Escragnolles
44
Nans
1335
Gourdon
(758)
2
Courmettes
Pas de la Faye
7%
la Malle
140
Le-Bar-sur-Loup
St Cristophe
le Rouret

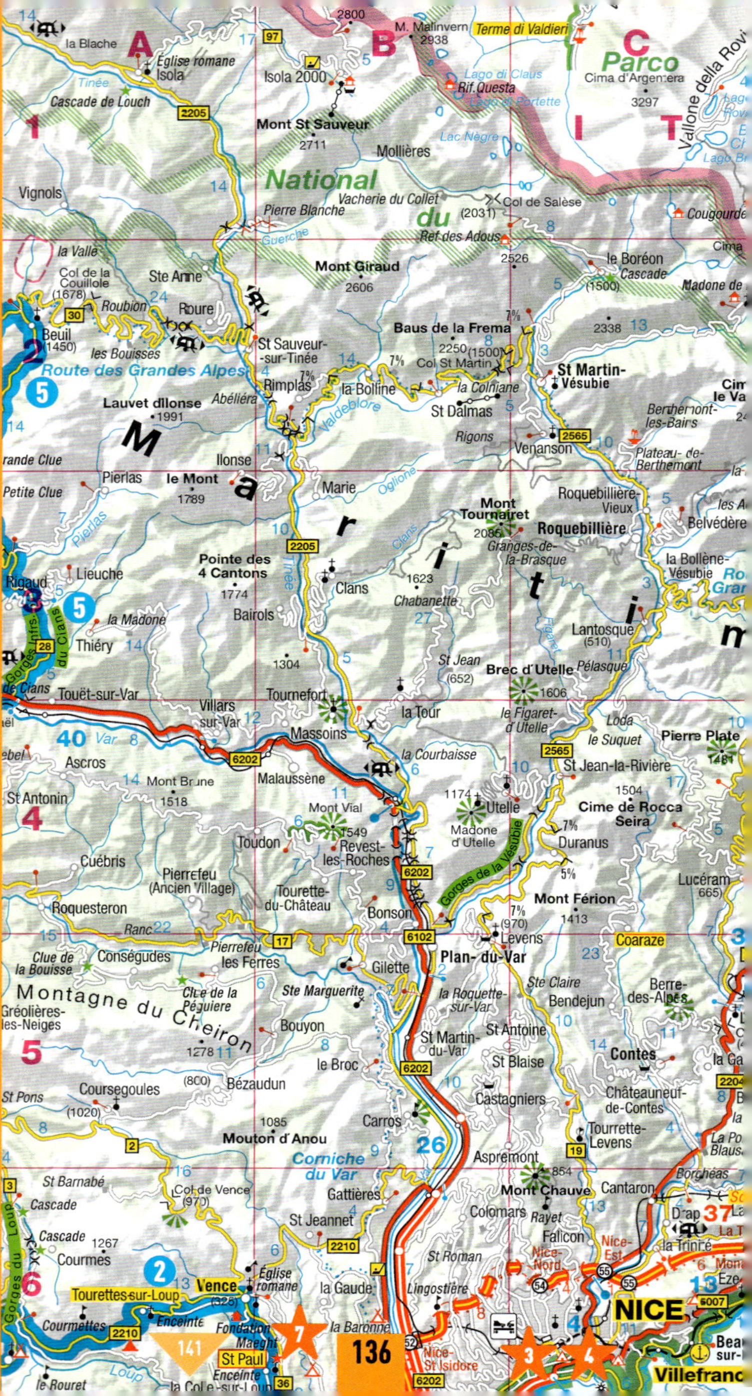

A
B
C
1
2
3
4
5
6
I
T
Parco
National
du
M
a
r
i
t
i
m
la Blache
Église romane
Isola
Tinée
Cascade de Louch
2205
97
2800
M. Malinvern
2938
Terme di Valdieri
Isola 2000
Lago di Claus
Rif. Questa
Lago di Portette
Cima d'Argentera
3297
Vallone della Rovina
Mont St Sauveur
2711
Mollières
Lac Nègre
Vignols
Pierre Blanche
Vacherie du Collet
(2031)
Col de Salèse
Ref. des Adous
Cougourde
Guerche
la Valle
Col de la Couilloie
(1678)
Ste Anne
Roubion
Roure
30
Mont Giraud
2606
2526
le Boréon
Cascade
(1500)
Madone de
Beuil
(1450)
les Bouisses
St Sauveur-sur-Tinée
Baus de la Frema
2250
(1500)
Col St Martin
2338
St Martin-Vésubie
Route des Grandes Alpes
Rimplas
la Bolline
la Colmiane
St Dalmas
Valdeblore
Lauvet d'Ilonse
1991
Abéliéra
Berthemont-les-Bains
Rigons
Venanson
2565
Plateau-de-Berthemont
Grande Clue
Ilonse
Petite Clue
Pierlas
le Mont
1789
Marie
Ollione
Roquebillière-Vieux
Mont Tournairet
2085
Roquebillière
Granges-de-la-Brasque
les Ai
Belvédère
Pierlas
la Bollène-Vésubie
Rigaud
Lieuche
Pointe des 4 Cantons
1774
Clans
Clans
Tinée
1623
Chabanette
Bairols
la Madone
Thiéry
Gorges du Cians
28
Infre.
Lantosque
(510)
Pélasque
1304
St Jean
(652)
Brec d'Utelle
1606
Touët-sur-Var
Tournefort
la Tour
Villars-sur-Var
Massoins
le Figaret-d'Utelle
Loda
le Suquet
Pierre Plate
1481
40
Var
6202
Ascros
Malaussène
la Courbaisse
2565
St Jean-la-Rivière
Mont Brune
1518
St Antonin
Mont Vial
1549
1174
Utelle
1504
Cime de Rocca Seira
Toudon
Revest-les-Roches
Madone d'Utelle
Duranus
Cuébris
Gorges de la Vésubie
Pierrefeu (Ancien Village)
Tourette-du-Château
Bonson
Mont Férion
1413
Lucéram
665
Roquesteron
(970)
Levens
Coaraze
Ranc
17
6102
Plan-du-Var
Clue de la Bouisse
Conségudes
Pierrefeu les Ferres
Gilette
Ste Claire
Bendejun
Berre-des-Alpes
Montagne du Cheiron
Clue de la Péguiere
Ste Marguerite
la Roquette-sur-Var
Gréolières-les-Neiges
Bouyon
St Martin-du-Var
St Antoine
1278
Contes
la Ga
le Broc
St Blaise
Bézaudun
(800)
Coursegoules
(1020)
St Pons
Castagniers
Châteauneuf-de-Contes
2204
Carros
Tourrette-Levens
1085
Mouton d'Anou
2
Corniche du Var
26
19
Aspremont
854
La Po
Blaus
St Barnabé
Borghéas
Col de Vence
(970)
Gattières
Mont Chauve
Cantaron
Cascade
Colomars
Rayet
Drap
37
St Jeannet
Falicon
la Trinité
Cascade
1267
Courmes
2210
Nice-Nord
Nice-Est
St Roman
Gorges du Loup
Église romane
Vence
(325)
la Gaude
Lingostière
Èze
Tourettes-sur-Loup
NICE
6007
Courmettes
2210
Enceinte
Fondation Maeght
la Baronne
St Paul
Enceinte
36
Nice-St Isidore
6202
Beau-sur-
Villefranc
le Rouret
Loup
la Colle-sur-Loup
141
7
3
4
55
54

Limone Piemonte
(990)
E74
Limonetto
Palanfré
Monte Garbella
2306
2451
Folchi
d. Alpi
S.Giacomo di Entracque
Marittime
Alta
Valle Pesio
Rif.Garelli
2650
Punta Marguareis
Rif. Saracco
e Tanaro
XI-V
Colle di Tenda
(1908)
2300
Cima di Becco
Rocher de l'Abisse
2755
2176
Fort de Giaure
Vievola
Carnino
Briga Alta
Piano
Upega
Rif.F.Pagari
Lac de l'Agnel
Lac Long
3043
M. Clapier
Nice
Lac Noir
Ste-Madeleine
Granges-de-la-Pie
2482
Cime de l'Eveque
M.Bertrand
2241
Cime Missoun
2356
Imperia
Cuneo
22
Mt Neillier
2786
Lac du Basto
Fontanalbe
Mont Bégo
2873
6204
Morignole
Tende
(816)
1452
Bens
Mont Saccarel
2200
2070
Monte Saccarello
Vallée de Merveille
Lac Long Superior
les Merveilles
(1538)
St Grat
Cime du Diable
2685
2414
Pointe de la Corne de Bouc
13
St Dalmas-de-Tende
la Brigue
N.D. des Fontaines
Val- del- Prat
Verdeggia
Verdeggia (1092)
Realdo
Granges- du-Colonel
Mercantour
2149
1677
Cima de Coss
Granile Supérieur
Bergue-Inférieur
34
Roya
Cime de Marte
2136
Creppo
Città
l'Authion
1889
Alpes
Mauriouri
Fontan
18
Ft de Cayrons
Église romane
Saorge
Monte Pietravecchia
2038
Cetta
Col de Turini
(1607)
Ste Anne
Gorges de Saorge
E74
la Giandola
Madone de Poggio
1971
Mont Torrage
(1127)
Coll.a di Langan
Buggio
S
l'Arpette
1610
Orvegno
10
Croce di Praes
Moulinet
7%
1587
1309
Tête d'Alpe
Madonna Assunta
Breil-sur-Roya
Pigna
Monte Goura
1269
Monte Mera
1063
2566
Cava
Col de Brouis
N.D.- de-la- Menour
(879)
21
Gorges du Piaon
Col du Perus
6204
12
Sgerea
Castel Vittorio
Bajardo
(654)
Cascade
Piene
Mont Colombin
1026
Rocchetta Nervina
Nervia
Sospel
11
Apricale
(1002)
Col de Braus
(349)
Airole
Isolabona
Monte Bignone
1299
Olivetta San Michele
14
Perinaldo
(786)
S.Romolo
Mt Razet
1281
Mont Grammont
1378
Collabassa
Doria
Dolceacqua
Negi
Borello
-de-l'Escarène
Col de Castillon
Castillon
Torri
S.Pancrazio
E74
Soldano
Seborga
Villatella
Bevera
20
San Biagio d.Cima
Vallebona
San Remo-Ovest
Autoporto Riviera dei Fiori
Camporosso
23
Pic de Baudon
1264
Monti
Castellar
Sealza
Menton
Ventimiglia
Bordighera
Coldirodi
Ospedaletti
C.Nero
Peille
Ste-Agnès
E80
Mortola
Latte
Gorbio
Mont Agel
Roquebrune
Garavan
Giardini Botanici Hanbury
VENTIMIGLIA
Vallecrosia
Bordighera
Beausoleil
MENTON
A8
Cap- Martin
la Turbie
Monte Carlo
Monaco-Ville
Monte-Carlo
Cap-d' Ail
Mer Méditerranée
5 km
3.1 mi
ur-Mer

Parc Naturel du Verdon
Valensole
Riez
Moustiers-Ste Marie
Allemagne-en-Provence
St Martin-de-Brômes
Esparron-de-Verdon
Quinson
St Laurent-du-Verdon
Basses Gorges du Verdon
Lac de Ste Croix
Ste Croix-de-Verdon
Montmeyan
Régusse
Aups
Varages
Tavernes
Barjols
Cotignac
Salernes
Entrecasteaux
Carces
Abbaye du Thoronet
Correns
Brignoles
La Provençale
142

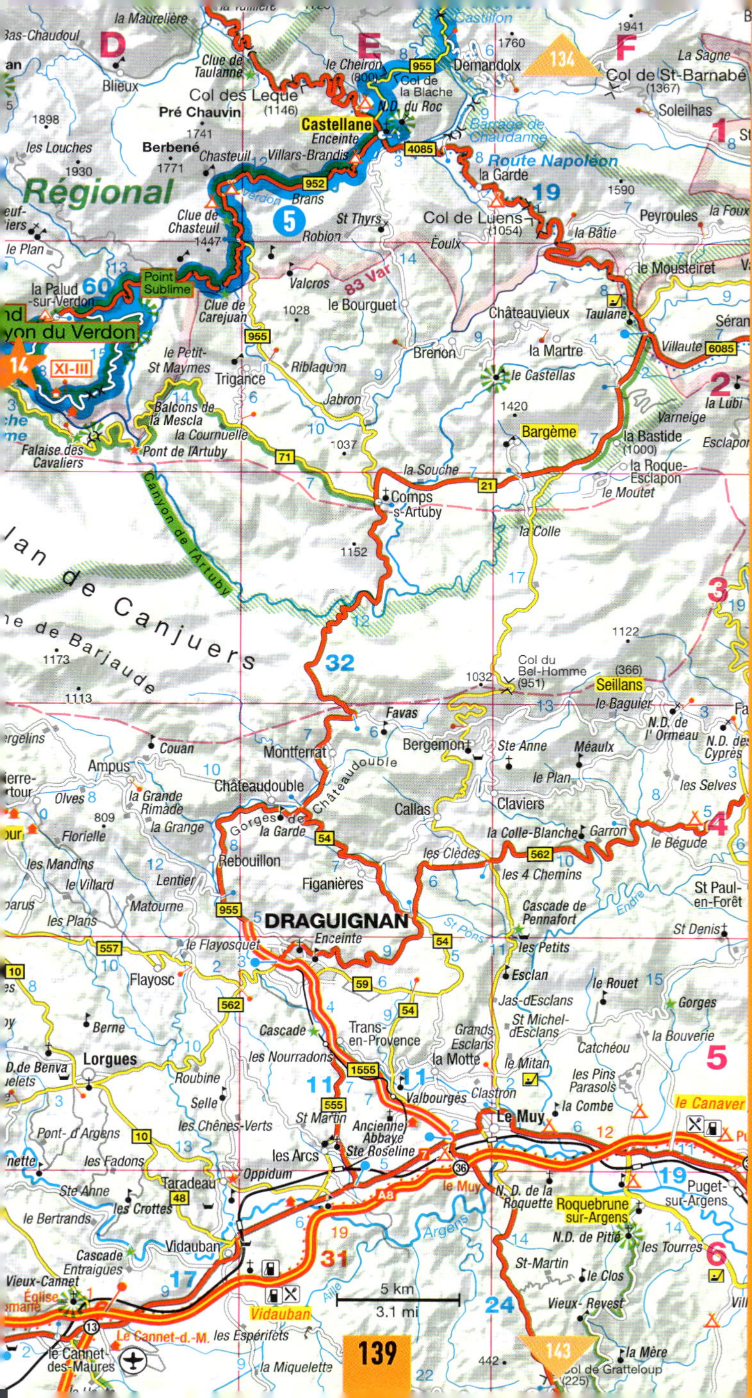
D
E
F
134
la Maurelière
Bas-Chaudoul
Blieux
Clue de Taulanne
Col des Leque (1146)
Pré Chauvin
Berbené
le Cheiron (800)
Castellane Enceinte
N.D. du Roc
Col de la Blache
Demandolx
Castillon
Barrage de Chaudanne
Col de St-Barnabé (1367)
La Sagne
Soleilhas
Route Napoléon
la Garde
Col de Luens (1054)
Peyroules
la Foux
la Bâtie
Èoulx
St Thyrs
Robion
Brans
Villars-Brandis
Chasteuil
Régional
Clue de Chasteuil
les Louches
le Plan
la Palud -sur-Verdon
Point Sublime
Clue de Carejuan
Valcros
83 Var
le Bourguet
le Mousteiret
Châteauvieux
Taulane
Séranon
Villaute
Brenon
la Martre
le Castellas
Bargème
la Bastide (1000)
la Roque-Esclapon
le Moutet
Varneige
la Lubi
Esclapon
yon du Verdon
XI-III
le Petit-St Maymes
Trigance
Riblaquon
Jabron
Balcons de la Mescla
la Cournuelle
Pont de l'Artuby
Falaise des Cavaliers
Canyon de l'Artuby
la Souche
Comps -s-Artuby
la Colle
lan de Canjuers
ne de Barjaude
Col du Bel-Homme (951)
Seillans
le Baguier
N.D. de l'Ormeau
N.D. des Cypres
Favas
Montferrat
Bergemon
Ste Anne
Méaulx
le Plan
les Selves
Couan
Ampus
Olves
la Grande Rimade
la Grange
Florielle
Châteaudouble
Gorges de la Garde
Callas
Claviers
la Colle-Blanche
Garron
le Bégude
St Paul-en-Forêt
les Clèdes
les 4 Chemins
Cascade de Pennafort
Rebouillon
Figanières
les Mandins
le Villard
Lentier
Matourne
les Plans
DRAGUIGNAN Enceinte
St Denis
le Flayosquet
Flayosc
les Petits
Esclan
le Rouet
Gorges
Jas-dEsclans
St Michel-dEsclans
Catchéou
la Bouverie
Berne
Cascade
Trans-en-Provence
Grands Esclans
les Nourradons
la Motte
le Mitan
les Pins Parasols
Lorgues
Roubine
Selle
St Martin
Valbourgès
Clastron
la Combe
le Canavel
Le Muy
les Chênes-Verts
Ancienne Abbaye Ste Roseline
Pont-d'Argens
les Fadons
les Arcs
Taradeau
Oppidum
N. D. de la Roquette
Roquebrune sur-Argens
Puget-sur-Argens
Ste Anne
les Crottes
le Bertrands
Vidauban
Cascade Entraigues
N.D. de Pitié
les Tourres
St-Martin
le Clos
Vieux-Cannet
Église
5 km
3.1 mi
Vieux-Revest
Le Cannet-d.-M.
les Espérifets
le Cannet-des-Maures
la Miquelette
143
la Mère
Col de Gratteloup (225)
Argens
Aille
A8
955
4085
952
71
21
54
562
557
59
1555
555
10
48
6085

Barnaud
Montblanc
Maupoil
Amirat
Collongues
Clue du Riolan
A
135
B
C
les Mujouls
Sallagriffon
Clue
Clue d'Aiglun
Aiglun
Sigale
le Prignolet
Briançonnet
Gars
Esteron
Clue de la Bouiss
Soleilhas
Clue de St Auban
St Auban
Montagne de Charamel
1471
le Mas
Cascade de Vegay
Gironde
1474
le Brunet
les Sausses
1541
Montagne du
Gréolières-les-Neiges
Peyroules
la Foux
les Lattes
(1439)
Col de Bleine
1644
777
le Mousteiret
Valderoure
la Ferrière
1656
Thorenc
(1250)
Quatre Tours
le Haut-Thorenc
Gréolières
Cime du Cheiron
St Pons
Oppidum de Castelleras
Loup
Cipières
Séranon
Caille
Andon
Col de la Sine
(1080)
6085
Villaute
l'Audibergue
Canaux
Montagne de l'Audibergue
1642
(1169)
la Lubi
Col de Valferrière
St Lampert
St Maurice
1334
l'Ecre
Varneige
Caussols
Bastide
Esclapon
11%
1392
Escragnolles
44
Nans
1335
Gourdon
(758)
Gorges du Loup
Pas de la Faye
Route Napoléon
la Malle
Le-Bar-sur-Loup
06 Alpes-Maritimes
83 Var
St Vallier-de-Thiey
St Cristophe
Mons
(804)
Col du Pilon
(786)
Magagnosc
GRASSE
2085
Châteauneuf-Grasse
Opio
St Ferréol
Grottes de St Cézaire
Cabris
10
Église romane
Spéracèdes
Plascassier
St Cézaire sur-Siagne
le Tignet
St Cassien-des-Bois
563
Peymeinade
Fayence
Callian
N.D. de l'Ormeau
N.D. des Cyprès
Tourrettes
Montauroux
les Veyans
Riviera
Siagne
2
6185
Mouans-Sa
Rempart
la Roquette-sur-Siagne
562
les Selves
56
la Colle-Noire
Tanneron
Auribeau
Mougins
le Bégude
les Marjoris
Pégomas
St Jean
Lac de St Cassien
la Fénerie
109
Grime
St Paul-en-Forêt
37
les Margoutons
la Bocca
Massif du Tanneron
les Adrets
Mandelieu-La-Napoule
St Denis
Reyran
36
Bagnols-en-Forêt
39
A8
E80
Séguret
Mandelieu
CANNE
Esterel
Gorges
les Adrets-de-l'Esterel
Base de Loisirs
6007
6098
Golfe de Napo
l'Église
N7
Mauré Vieil
la Napoule
la Bouverie
37
St Jean
Théoule-sur Mer
Mont Vinaigre
la Galère
618
6098
le Canaver
le Capitou
le Trayas
Miramar
Puget-s-A.
Fréjus
496
N.D. de Jérusalem
Pic de l'Ours
Pic du Cap Roux
Massif de l'Esterel
Corniche de l'Esterel
452
Puget-sur-Argens
Arènes
Théâtre romain
Valescure
les Crottes
Agay
1
Anthéor Plage
Anthéor
Corniche de l'Esterel
FRÉJUS
Ruines romaines
Église romane
le Dramont
41
Villepey
6098
Fréjus Plage
Boulouris
Sémaphore
Cap du Dramont
Golfe
de Fréjus
ST-RAPHAËL
St Aygulf
143

D
E
F
136
Revest-les-Roches
Pierrefeu (Ancien Village)
Tourette-du-Château
Bonson
Mont Férion
1413
Lucéram (665)
Col de Braus
Coaraze
Levens
Plan-du-Var
Gilette
Conségudes
Pierrefeu les Ferres
Clue de la Péguiere
Ste Marguerite
la Roquette-sur-Var
Ste Claire
Bendejun
Berre-des-Alpes
Touët-de-l'Escarène
L'Escarène
Col de Nice (419)
la Garde
Bouyon
St Martin-du-Var
St Antoine
St Blaise
Contes
le Broc
Bézaudun
Castagniers
Châteauneuf-de-Contes
Blausasc
la Grave
Tourrette-Levens
La Pointe de Blausasc
Peillon
Carros
Mouton d'Anou
1085
Corniche du Var
Aspremont
Borghéas
Col de Vence (970)
Gattières
Mont Chauve
854
Cantaron
Scoperta
Laghet
Drap
Colomars
Rayet
St Jeannet
Falicon
La Turbie
la Trinité
St Roman
Nice-Nord
Nice-Est
Monaco
Eze
Vence
Eglise romane
la Gaude
Lingostière
Tourrettes-sur-Loup
Enceinte
Fondation Maeght
la Baronne
St Paul
Beaulieu-sur-Mer
Nice-St Isidore
Villefranche sur-Mer
la Colle-sur-Loup
Nice-St Augustin
NICE
St Jean-Cap-Ferrat
ST-LAURENT DU-VAR
Roquefort-les-Pins
CAGNES SUR-MER
Plage de la Ville
Nice-Prom. des Anglais
St-Laurent-du-Var
Cap Ferrat
Villeneuve-Loubet
Aéroport Nice-Côte d'Azur
Bois Fleuri
les Maillans
Villeneuve Loubet
Bouches-d.-L.
Cros-de-Cagnes
Cagnes-s-M.
Bastia
Biot
Villeneuve-Loubet Plage
Sophia-Antipolis
Zoo marin
l'Ile-Rousse
Calvi
Antibes-Ouest
la Brague
Antibes Est
Fort Carré
VALLAURIS
ANTIBES
Golfe-Juan
Juan-les-Pins
Golfe Juan
Cap d'Antibes
Ajaccio
Île Ste-Marguerite
Côte d'Azur
Mer Méditerranée
5 km
3.1 mi

138

A
B
C
1
2
3
4
5
6
Brue-Auriac
Val-Rose
le Pigeonnier
Gros Bessillon
813
Cotignac
Riforand
Mentone
les Salles
Notre-Dame
Margui
B. de Bessillion
Bouillidou
Entrecasteaux
St Estève
Argens
Châteauvert
Vallon Sourn
Correns
(168)
Montfort-sur-Argens
St Antonin-du-Var
Bresque
Miraval
554
Carces
Abbaye du Thoronet
(église romane)
Bras
578
Réal- Martin
562
Lac de Carcès
le Thoronet
Font-Couverte
la Grande Bastide
le Val
Vins-sur-Caramy
St Loup
la Plaine
Notre Dame
Brignoles
Carami
St Pastour
20
Cambarette
35
La Provençale
Cabasse
Tourves
les Gaëtans
A8
Grand Candumy
25
E80
les Gensiés
Brignoles
la Seigneurie
le Lac
Le Luc
Ch lle de la Gayole
St Julien
St Pré
Abbaye de la Celle
23
la Gravière
Oppidum (enceinte celtique)
Camps-la-Source
Pérégrinage
Montagne de la Loube
830
770
43
la Lauzade
Bezud
Flassans-sur-Issole
La Roquebrussanne
Besse-sur-Issole
(296)
Forcalqueiret
15
la Croix de Bontar
Ste Anastasie-sur-Issole
24
Garéoult
Plan Peirassou
Gonfaron
554
Issole
12
575
30
N.D. du Fig
Néoules
Carnoules
Servante
Pignans
Rocbaron
la Foux
Beaupre
Pilon St Clément
705
Canadel
Puget-Ville
Rimauresq
Méounes-lès-Montrieux
Ste Philomène
Carnoules
45
N.D. des Anges
la Ruol
Chartreuse Montrieux-le-Vieux
Pachoquin
97
Aumérade
les Vidaux
Jas de Laure Serra
826
Chartreuse Montrieux-le-Jeune
Belgentier
Cuers
la Portanière
le Peyrol
440
Collobrières
Belgentier
Cuers Nord
la Tuilière
la Rode
354
Valcros
Cuers-Sud
Pierrefeu-du-Var
14
Montaud
la Portanière
la Rivière
Gapeau
Ste-Christine
Baisse du Castellas
340
Solliès-Toucas
le Maupas
Pansard
Les Terrins
Solliès-Pont
Sauvebonne
Camp-Long
le Revest-les Eaux
357
Massif
Valcros
Solliès-Ville
la Décapris
Arbor
Fort du Lt Girardon
la Farlède
Maraval
Pas-du-Cerf
Val d'Ardène
la Farlède
29
la Viet
Mont Faron
le Coudon
la Castille
les Borrels
N.-D.-des-Maures
les Gaoubry
Jard. d'Oiseaux Tropicaux
507
Baudouvin
La Chaberte
la Clapière
St Honoré
la Valette-Nord
A57
la Crau
le Fenouillet
les Jassons
LA VALETTE-DU-VAR
la Garde
HYÈRES
la Londe-les-Maures
98
la Valette-Sud
La Bigue
Saint Augustin
17
15b
la Valette-Centre
LA GARDE
la Crau
A570
les Salins-d'Hyères
Léoube
Toulon Est/le Pradet
559
la Moutonne
Port-de-Miramare
LE MOURILLON
le Pradet
Centre Hospitalier
Berriau-Plage
TOULON
Fort de la Colle-Noire
Carqueiranne
Ayguade-Ceinturon
Aéroport Toulon-Hyères
Fort de Brégançon
la Garonne
Fontbrun
Hyères-Plage
Cap de Brégançon
St Mandrier-sur-Mer
Fort de la Gavaresse
l'Almanarre
Rade d'Hyères
Presqu'île St-Mandrier
Cap Cépet
Golfe de Giens
Etang des Pesquiers
la Capte
Presqu'île de Giens
Giens
la Tour-Fondue
Île de Porquerolles
Plage Notre-Dame
Bastia, l'Ile Rousse, Calvi
Ajaccio, Civitavecchia, Propriano
Al-Jaza'ir (Alger), Bejaia
Pointe du Grand Langoustier
Semaphore
Porquerolles
Cap d'Arme
Îles d'

D
E
F
DRAGUIGNAN
Flayosc
Berne
Lorgues
Cascade
Trans-en-Provence
les Nourradons
Roubine
Selle
les Chênes-Verts
Pont-d'Argens
les Fadons
Taradeau
Ste Anne
les Crottes
Bertrands
Vidauban
Entraigues
Le Cannet-d.-M.
le Cannet-des-Maures
la Haute Verrerie
la Basse Verrerie
les Espérifets
la Miquelette
St Martin
Ancienne Abbaye Ste Roseline
les Arcs
Oppidum
le Muy
Le Muy
la Motte
Grands Esclans
Esclan
Jas-d'Esclans
St Michel-d'Esclans
le Mitan
Clastron
Valbourgès
le Rouet
Catchéou
les Pins Parasols
la Combe
Gorges
la Bouverie
le Canaver
le Capitou
Puget-s-A.
Puget-sur-Argens
Arènes
FRÉJUS
Ruines romaines
Villepey
St Aygulf
la Gaillarde
les Issambres
San-Peïre-sur-Mer
la Nartelle
Sémaphore
Ste Maxime
N.D. de la Roquette
Roquebrune-sur-Argens
N.D. de Pitié
les Tourres
St-Martin
le Clos
Vieux-Revest
la Mère
Col de Gratteloup (225)
Peigros
les Ricards
Val d' Esquières
Argens
Aille
Maures
des Maures
les Pierrons
les Gastons
Valaury
Plan-de-la-Tour
la Moure
Préconil
Courruères
Fort
la Garde-Freinet
les Mayons
Cros-de-Mouton
Roches Blanches
Valdegilly
Valescure
l'Avelan
Église romane
Enceinte
Beauvallon
Golfe de St Tropez
Port-Grimaud
St-Tropez
Pointe de Rabiou
Cap de St Tropez
la Moutte
Plage des Salins
Grimaud
St Maur
la Foux
les Crottes
Cogolin
Moulins
St Amé
Pampelonne
Plage de Tahiti
Plage de Pampelonne
Rebois
Gassin
Ramatuelle
Moulins de Paillas
les Tournels
Cap Camarat
Château Volterra
l'Escalet
Col de Collebasse (129)
Plage de l' Escalet
Chartreuse de la Verne
St Marc
les Guiols
la Môle
Môle
la Croix-Valmer
Corniche des Maures
les Pradels
Col de Barral (371)
Col de Gratteloup (199)
Col du Canadel (267)
Cavalaire-sur-Mer
la Bouillabaisse
Baie de Cavalaire
Gigaro
la Bastide-Blanche
Cap Cartaya
Plage de la Briande
Cap Lardier
Cavalière
Le Rayol-Candel-sur-Mer
St Clair
la Fossette
Cap Nègre
Corniche des Maures
Lavandou
la Favière
Baie du Gaou
Plage de la Faviere
Bénat
Cap Bénat
Cap Blanc
Mer Méditerranée
Phare du Titan
Grand-Avis
Heliopolis
Île du Levant
Pointe Maupertuis
Port Cros
Vallon de la Solitude
Île de Port-Cros
Parc National de Port-Cros
5 km
3.1 mi
139

KARTENLEGENDE

Autobahn mit Anschlussstelle und Anschlussnummern	Viernheim 45 45 36 24 12	Motorway with junction and junction number
Autobahn in Bau mit voraussichtlichem Fertigstellungsdatum	Datum Date	Motorway under construction with expected date of opening
Rasthaus mit Übernachtung · Raststätte	Kassel	Hotel, motel · Restaurant
Kiosk · Tankstelle		Snackbar · Filling-station
Autohof · Parkplatz mit WC	P	Truckstop · Parking place with WC
Autobahn-Gebührenstelle		Toll station
Autobahnähnliche Schnellstraße		Dual carriageway with motorway characteristics
Fernverkehrsstraße		Trunk road
Verbindungsstraße		Main road
Nebenstraßen		Secondary roads
Fahrweg · Fußweg		Carriageway · Footpath
Gebührenpflichtige Straße		Toll road
Straße für Kraftfahrzeuge gesperrt		Road closed for motor vehicles
Straße für Wohnanhänger gesperrt		Road closed for caravans
Straße für Wohnanhänger nicht empfehlenswert		Road not recommended for caravans
Autofähre · Autozug-Terminal		Car ferry · Autorail station
Hauptbahn · Bahnhof · Tunnel		Main line railway · Station · Tunnel
Besonders sehenswertes kulturelles Objekt	Neuschwanstein	Cultural site of particular interest
Besonders sehenswertes landschaftliches Objekt	Breitachklamm	Landscape of particular interest
MARCO POLO Erlebnistour 1		MARCO POLO Discovery Tour 1
MARCO POLO Erlebnistouren		MARCO POLO Discovery Tours
MARCO POLO Highlight	1	MARCO POLO Highlight
Landschaftlich schöne Strecke		Route with beautiful scenery
Touristenstraße	Hanse-Route	Tourist route
Museumseisenbahn		Tourist train
Kirche, Kapelle · Kirchenruine Kloster · Klosterruine		Church, chapel · Church ruin Monastery · Monastery ruin
Schloss, Burg · Burgruine Turm · Funk-, Fernsehturm		Palace, castle · Castle ruin Tower · Radio or TV tower
Leuchtturm · Windmühle Denkmal · Soldatenfriedhof		Lighthouse · Windmill Monument · Military cemetery
Ruine, frühgeschichtliche Stätte · Höhle Hotel, Gasthaus, Berghütte · Heilbad		Archaeological excavation, ruins · Cave Hotel, inn, refuge · Spa
Campingplatz · Jugendherberge Schwimmbad, Erlebnisbad, Strandbad · Golfplatz		Camping site · Youth hostel Swimming pool, leisure pool, beach · Golf-course
Botanischer Garten, sehenswerter Park · Zoologischer Garten		Botanical gardens, interesting park · Zoological garden
Bedeutendes Bauwerk · Bedeutendes Areal		Important building · Important area
Verkehrsflughafen · Regionalflughafen		Airport · Regional airport
Flugplatz · Segelflugplatz		Airfield · Gliding site
Boots- und Jachthafen		Marina

FÜR IHRE NÄCHSTE REISE ...

ALLE **MARCO POLO** REISEFÜHRER

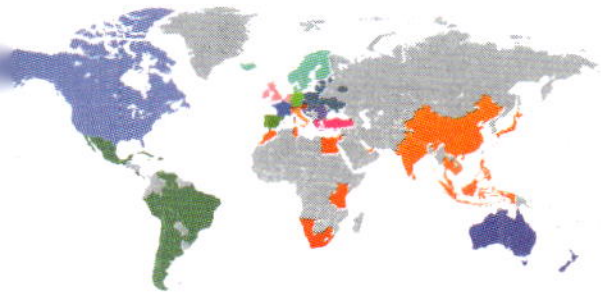

DEUTSCHLAND

Allgäu
Bayerischer Wald
Berlin
Bodensee
Chiemgau/ Berchtesgadener Land
Dresden/ Sächsische Schweiz
Düsseldorf
Eifel
Erzgebirge/ Vogtland
Föhr & Amrum
Franken
Frankfurt
Hamburg
Harz
Heidelberg
Köln
Lausitz/Spreewald/ Zittauer Gebirge
Leipzig
Lüneburger Heide/ Wendland
Mecklenburgische Seenplatte
Mosel
München
Nordseeküste Schleswig-Holstein
Oberbayern
Ostfriesische Inseln
Ostfriesland/Nordseeküste Niedersachsen/Helgoland
Ostseeküste Mecklenburg-Vorpommern
Ostseeküste Schleswig-Holstein
Pfalz
Potsdam
Rheingau/ Wiesbaden
Rügen/Hiddensee/ Stralsund
Ruhrgebiet
Schwarzwald
Stuttgart
Sylt
Thüringen
Usedom
Weimar

ÖSTERREICH SCHWEIZ

Kärnten
Österreich
Salzburger Land
Schweiz
Steiermark
Tessin
Tirol
Wien
Zürich

FRANKREICH

Bretagne
Burgund
Côte d'Azur/ Monaco
Elsass
Frankreich
Französische Atlantikküste
Korsika
Languedoc-Roussillon
Loire-Tal
Nizza/Antibes/ Cannes/Monaco
Normandie
Paris
Provence

ITALIEN MALTA

Apulien
Dolomiten
Elba/Toskanischer Archipel
Emilia-Romagna
Florenz
Gardasee
Golf von Neapel
Ischia
Italien
Italienische Adria
Italien Nord
Italien Süd
Kalabrien
Ligurien/ Cinque Terre
Mailand/ Lombardei
Malta & Gozo
Oberital. Seen
Piemont/Turin
Rom
Sardinien
Sizilien/ Liparische Inseln
Südtirol
Toskana
Venedig
Venetien & Friaul

SPANIEN PORTUGAL

Algarve
Andalusien
Barcelona
Baskenland/ Bilbao
Costa Blanca
Costa Brava
Costa del Sol/ Granada
Fuerteventura
Gran Canaria
Ibiza/Formentera
Jakobsweg Spanien
La Gomera/ El Hierro
Lanzarote
La Palma
Lissabon
Madeira
Madrid
Mallorca
Menorca
Portugal
Spanien
Teneriffa

NORDEUROPA

Bornholm
Dänemark
Finnland
Island
Kopenhagen
Norwegen
Oslo
Schweden
Stockholm
Südschweden

WESTEUROPA BENELUX

Amsterdam
Brüssel
Dublin
Edinburgh
England
Flandern
Irland
Kanalinseln
London
Luxemburg
Niederlande
Niederländische Küste
Schottland
Südengland

OSTEUROPA

Baltikum
Budapest
Danzig
Krakau
Masurische Seen
Moskau
Plattensee
Polen
Polnische Ostseeküste/ Danzig
Prag
Slowakei
St. Petersburg
Tallinn
Tschechien
Ungarn
Warschau

SÜDOSTEUROPA

Bulgarien
Bulgarische Schwarzmeerküste
Kroatische Küste Dalmatien
Kroatische Küste Istrien/Kvarner
Montenegro
Rumänien
Slowenien

GRIECHENLAND TÜRKEI ZYPERN

Athen
Chalkidiki/ Thessaloniki
Griechenland Festland
Griechische Inseln/ Ägäis
Istanbul
Korfu
Kos
Kreta
Peloponnes
Rhodos
Samos
Santorin
Türkei
Türkische Südküste
Türkische Westküste
Zákinthos/Itháki/ Kefalloniá/Léfkas
Zypern

NORDAMERIKA

Chicago und die Großen Seen
Florida
Hawai'i
Kalifornien
Kanada
Kanada Ost
Kanada West
Las Vegas
Los Angeles
New York
San Francisco
USA
USA Ost
USA Südstaaten/ New Orleans
USA Südwest
USA West
Washington D.C.

MITTEL- UND SÜDAMERIKA

Argentinien
Brasilien
Chile
Costa Rica
Dominikanische Republik
Jamaika
Karibik/ Große Antillen
Karibik/ Kleine Antillen
Kuba
Mexiko
Peru & Bolivien
Yucatán

AFRIKA UND VORDERER ORIENT

Ägypten
Djerba/ Südtunesien
Dubai
Israel
Jordanien
Kapstadt/ Wine Lands/ Garden Route
Kapverdische Inseln
Kenia
Marokko
Namibia
Rotes Meer & Sinai
Südafrika
Tansania/Sansibar
Tunesien
Vereinigte Arabische Emirate

ASIEN

Bali/Lombok/Gilis
Bangkok
China
Hongkong/Macau
Indien
Indien/Der Süden
Japan
Kambodscha
Ko Samui/ Ko Phangan
Krabi/ Ko Phi Phi/ Ko Lanta
Malaysia
Nepal
Peking
Philippinen
Phuket
Shanghai
Singapur
Sri Lanka
Thailand
Tokio
Vietnam

INDISCHER OZEAN UND PAZIFIK

Australien
Malediven
Mauritius
Neuseeland
Seychellen

Viele MARCO POLO Reiseführer gibt es auch als eBook – und es kommen ständig neue dazu!
Checken Sie das aktuelle Angebot einfach auf: www.marcopolo.de/e-books

REGISTER

Das Register umfasst alle im Reiseführer erwähnten Sehenswürdigkeiten, Orte und Ausflugsziele sowie einige wichtige Stichworte. Gefettete Seitenzahlen verweisen auf den Haupteintrag.

SCHREIBEN SIE UNS!

Egal, was Ihnen Tolles im Urlaub begegnet oder Ihnen auf der Seele brennt, lassen Sie es uns wissen! Ob Lob, Kritik oder Ihr ganz persönlicher Tipp – die MARCO POLO Redaktion freut sich auf Ihre Infos.
Wir setzen alles dran, Ihnen möglichst aktuelle Informationen mit auf die Reise zu geben. Dennoch schleichen sich manchmal Fehler ein – trotz gründlicher Recherche unserer Autoren/innen. Sie haben sicherlich Verständnis, dass der Verlag dafür keine Haftung übernehmen kann.

MARCO POLO Redaktion
MAIRDUMONT
Postfach 31 51
73751 Ostfildern
info@marcopolo.de

IMPRESSUM
Titelbild: Èze (Schapowalow: H. - P. Huber)
Fotos: P. Bausch (1 u.); W. Dieterich (Klappe rechts, 2, 10, 28 r., 42, 44/45, 46, 120 u.); R. Freyer (28 l.); R. M. Gill (31, 121); huber-images: Bäck (110/111), Belenos (23, 64/65, 100), M. Borchi (34), M. Carassale (60), A. Friedel (5, 32/33), Gräfenhain (4 u., 20/21, 49, 54/55, 118, 119), J. Huber (94/95), M. Mastrorillo (14), D. Person (88), B. Pisati (109), Raccanello (11), S. Raccanello (66/67, 79), Giovanni Simeone (4 o., 12/13, 76/77), R. Taylor (22); © iStockphoto: Dominik Krawczyk (19 o.); H. Krinitz (Klappe links, 7, 29, 50, 53, 59, 91); N. Kustos (39, 84); Laif: Heeb (120 o.), Siemers (30); Laif/hemis.fr (26/27, 82/83, 86/87, 118/119), Moirenc (56, 132/133); Laif/REA: Lydie (18 o.); Look: Friedel (37); mauritius images/Alamy (6, 8, 9, 18 u., 40/41, 62, 70, 73, 80, 103, 107, 116/117); mauritius images/imagebroker (114/115); mauritius images/Imagebroker: W. Dieterich (17), C. Hütter (93); mauritius images/Imagebroker/TheYachtPhoto (25); mauritius images/Photononstop (30/31); mauritius images/Rubberball (3); Riviera Villages (19 u.); S. B.M./Realis Photo Agency: S. Darrasse (18 M.); Schapowalow: H. - P. Huber (1 o.); T. Stankiewicz (68, 75, 112)

15. Auflage 2016
Komplett überarbeitet und neu gestaltet

Chefredaktion: Marion Zorn
Autor: Peter Bausch; Redaktion: Christina Sothmann
Verlagsredaktion: Tamara Hub, Ann-Katrin Kutzner, Nikolai Michaelis, Kristin Schimpf, Martin Silbermann
Bildredaktion: Gabriele Forst
Im Trend: wunder media, München
Kartografie Reiseatlas: © MAIRDUMONT, Ostfildern; Kartografie Faltkarte: © MAIRDUMONT, Ostfildern
Gestaltung Cover, S. 1, S. 2/3, Faltkartencover: Karl Anders – Büro für Visual Stories, Hamburg; Gestaltung innen: milchhof:atelier, Berlin; Gestaltung Erlebnistouren: Susan Chaaban Dipl.-Des. (FH)
Sprachführer: in Zusammenarbeit mit Ernst Klett Sprachen GmbH, Stuttgart, Redaktion PONS Wörterbücher

Printed in China

BLOSS NICHT

Ein paar Dinge, die Sie an der Côte d'Azur vermeiden sollten

BEI ROTER FLAGGE INS MEER GEHEN

Das Mittelmeer ist viel gefährlicher, als es mit seinen beschaulichen Sand- und Kiesstränden aussieht. Wenn zum Beispiel an überwachten Stränden im Sommer die rote Flagge aufgezogen wird, ist das Baden wegen Strömungen, vom Mistral aufgeworfenen Wellen oder auch wegen des Auftauchens von Quallen zu riskant. Die Behörden an der Côte d'Azur haben ihre Kontrollen verfeinert und eingesehen, dass es dem Ruf des Urlaubslands schadet, wenn Touristen wegen der schmerzhaften Berührung mit giftigen Quallen im Krankenhaus und nicht am Strand landen. Halten Sie sich unbedingt an die Empfehlungen!

WERTSACHEN IM AUTO LASSEN

Die Côte d'Azur ist für Reisende eine Landschaft von paradiesischer Schönheit. Aber auch hier gibt es soziale Probleme und Armut Autos mit ausländischem Kennzeichen sind daher Zielscheibe für Diebe. Auf keinen Fall Wertsachen im Wagen sichtbar liegen lassen. Übrigens: Der Handtaschenraub auch aus dem besetzten Auto ist eine neue Masche der Langfinger. Also nicht vergessen, in Städten und vor allem an Ampeln bei Zentralverriegelung die Autotüren per Hand zu schließen.

WILD CAMPEN

So verlockend ein schönes Plätzchen in freier Natur sein mag, um ein Zelt aufzustellen oder das Wohnmobil zu parken – französische Grundbesitzer sehen das gar nicht gern und reagieren meist sauer. Mit Bußgeld belegt wird wildes Campen in den Bergen von Esterel und Massif des Maures; ein Sicherheitsabstand von mindestens 200 m zum Wald ist überall vorgeschrieben. Viele Gemeinden an der Côte d'Azur haben extra Stationen für Wohnmobile eingerichtet, und an Campingplätzen in herrlicher Lage fehlt es auch nicht.

STADTSPAZIERGANG IN BADEHOSE

Es mag ja bequem sein und es ist ja soo heiß. Aber halten Sie sich bitte an die einfachsten Bekleidungsvorschriften und schlendern Sie nicht in der Badehose und mit dem übergeworfenen Handtuch durch die Städte. Die Zeit fürs Umziehen nach dem Strandbesuch sollten Sie sich nehmen und ein bisschen Stil sollte auch im Urlaub gewahrt bleiben. Städte wie Sainte-Maxime am Golf von Saint-Tropez haben schon reagiert und belegen allzu freizügig gekleidete Einheimische und Touristen inzwischen mit Bußgeldern.

FOLKLOREKITSCH KAUFEN

Was an der Côte d'Azur und im Hinterland bisweilen als Kunst verkauft wird, ist oft Ramsch und Folklorekitsch. Vorsicht auch bei hübsch mit provenzalischen Stoffen dekorierten Flaschen von Olivenöl. Der teuer verkaufte Inhalt ist oft nicht das Geld wert. Achten Sie auf Herkunftsbezeichnungen und Echtheitszertifikate.